讀出歷史的內心戲 3

縱橫讀史記

挖掘《史記》的底層邏輯，
學習思辨的眼光，
看見世事的本質

溫伯陵 著

自序

《史記・太史公自序》裡有句話：「先人有言：『自周公卒五百歲而有孔子，孔子卒後至於今五百歲，有能紹明世，正《易傳》，繼《春秋》，本《詩》、《書》、《禮》、《樂》之際？』意在斯乎！意在斯乎！小子何敢讓焉。」

周公和孔子是中國的聖人，他們在各自的時代獨領風騷，用自己的才智，推動中國文明向前走。因為成就斐然，也被後世國人頂禮膜拜。

而《孟子・公孫丑》說：「五百年必有王者興，其間必有名世者……如欲平治天下，當今之世，舍我其誰也。」

把周公、孔子和五百年的預言放在一起，再加上那句「小子何敢讓焉」，太史公的「野心」呼之欲出。

他要編一部史書，記錄中國從何處來，並且在史書裡針砭人物、敘述興衰往事，以史為鑑。後世每一個讀到史書的人，都會明白，個人、民族、國家應該向何處去。

做到這一點，太史公才能和周公、孔子比肩，成為推動中國文明繼續向前走的聖人。

顯然，太史公做到了。

《史記》自成書至今兩千多年，無數英雄豪傑來了又去，王朝如過眼雲煙，《史記》卻屹立不倒，猶如點亮一盞明燈，告訴一代又一代中國人，哪裡是去路和歸途。

在這樣的成就面前，任何語言的讚美，都顯得多餘。

換個角度來說。

《史記》共五十二萬餘字，一百三十篇，從中國的始祖黃帝，一直寫到漢武帝太初年間，記錄了兩、三千年的歷史，是中國早期一份可貴的史料。

既是史料，便猶如食材。不同的食材、不同的配方，自然可以做出不同的美味。所以我們也不必循規蹈矩，可以在尊重太史公針砭人物、敘述興衰的基礎上，把散落在不同地方的史料，重新整合起來，用不同的方式來解讀《史記》。

這也是我寫這本書的目的所在了。

我用了兩種方式來解讀《史記》。

其一是橫向的。把不同篇章裡的人物和故事，用一條主線脈絡串聯起來，描繪出一幅中國上古時代的全景圖，和大家一起用全新的眼光，來看待數千年前的中國往事。最後總結出一些觀點，起到「歷史照進現實」的作用。

其二是縱向的。我把某些篇章裡的故事和觀點單獨拎出來，然後不斷向上和向下推導，形成一條貫通中國歷史的時間線，和大家一起研究，中國上古時代的事情，到底是如何演變的，以及最終出現什麼樣的結果。

所以，這本書來源於《史記》，但說的不完全是《史記》，而是以《史記》為藍本，挖掘一些背後的邏輯和觀點。

這種讀書法，我是和太史公學的。

在太史公的筆下，歷史也不完全是歷史，而是可以照亮世界的星火。在我的筆下，中國上古時代的故事，同樣可以照亮當今的世界。這樣看來，這本書和《史記》還是一脈相承的。

當然，我寫這本書也只是一家之言，只能代表我的想法，不是解讀《史記》的標準答案。如果大家認可，那肯定是極好的。如果大家不認可，歡迎大家來微信公眾號「溫伯陵的煙火人間」，一起探討交流。

溫伯陵

二〇二一年六月三十日

目錄

家國

天下

目錄

今朝

煙火

家國

國家興亡，從來不是單純的英雄史詩。
其背後是複雜的外交博弈、內政經濟、組織方式，
甚至是地球運動形成的地理格局。
那些國家的崛起和衰落，自有特定的因果關係。
英雄，不過是偶然走上舞臺的演員。

齊國霸業的天、地、人

1

西元前六八五年，齊國爆發驚天內亂。

齊襄公在執政十二年後，被堂兄弟公孫無知聯合大將謀殺，公孫無知僅僅執政一年，又被刺客殺死，因此西元前六八五年的齊國，面臨國家無主的危險。最有資格繼位的是齊襄公的兩個弟弟：公子糾和公子小白。

齊襄公死的時候，公子糾躲在西南的魯國，公子小白藏在東南的莒國，都不在齊國境內，現在的問題是，誰先回到齊國誰就可以繼任國君。

大概是公子小白的人品不錯，在朝中積累了不少人脈，國君寶座剛空出來，高、國兩大家族就通知小白：「快點回來，我們已經決定了，你來做齊國國君。」

隔壁的公子糾也著急。這可是千載難逢的機會，錯過要遺憾一輩子的，但是朝中大臣不支持他，這可怎麼辦呢？公子糾的辦法是殺人，只要公子小白死在路上，國君選舉就從二選一變成一選一，誰都不能說什麼。

於是，公子糾讓管仲帶兵，守在莒國回齊的路上，一旦發現公子小白就弄死他。很不巧，管仲的弓箭沒什麼準頭，一箭射在公子小白的帶鉤上，小白情急之下躺在車上裝死。畢竟是暗中殺人，管仲也沒好意思露臉，感覺差不多就回去了。結果公子小白望著管仲離去的背影，片刻之後翻身而起，帶著鮑叔牙向齊國狂奔，順利繼承國君寶座。

而公子糾聽說弟弟死了，便放下心來，拖拖拉拉用了六天才回到齊國，正準備向齊國人民揮手致意，大家告訴他：「別折騰了，公子小白已經繼位啦。」

果然是朝中有人好辦事啊。

公子小白就是齊桓公。

齊桓公怨恨魯國支持公子糾，便發兵擊敗魯國，並給魯國國君寫了一封信：「公子糾可是我的兄弟，實在不忍心誅殺，不如你幫我殺了吧。另外，管仲是亂臣賊子，你得給我送過來。」魯國根本不敢違抗齊國命令，只能一邊殺人一邊送人，只求齊國寬宏大量，不要再來為難魯國。

正在此時，鮑叔牙對齊桓公說：「你要是只想治理齊國，我和高傒足夠了；如果你想成就齊國霸業，非管仲不可。」齊桓公沉吟片刻說，那就聽你的吧。於是，管仲非但沒有死，還被齊桓公拜為相國。

隨著優秀君主和強悍相國一一到位，齊國霸業正式拉開序幕。

2

當時的齊國是個爛攤子。

齊襄公和公孫無知多年來肆意妄為，動不動就發起權力鬥爭，搞得大臣們惶恐不安，生怕站錯隊伍腦袋搬家。而齊國又處在發展的關鍵時期，奴隸制已經崩潰，但官員任用方式沒有調整，社會結構得不到整頓，尤其是齊國的經濟落後，在大爭之世很難說有什麼競爭力。

怎麼辦？

管仲告訴齊桓公：「倉廩實而知禮節，衣食足而知榮辱。」意思就是說，一定要先發展經濟，經濟發展起來以後，什麼問題都能解決。具體操作方法也簡單：「俗之所欲，因而予之。俗之所否，因而去之。」人民想要什麼，政府就給什麼。人民不喜歡什麼，政府就要想辦法禁止。總之，齊國人民對美好生活的嚮往，就是齊桓公和管仲的奮鬥目標。

於是，管仲甩出「三板斧」。

第一是整頓官場。

管仲向齊桓公推薦了「五傑」，用隰朋管理官員任用，甯戚管理財政，王子成父管理軍隊，賓須無執掌司法，東郭牙管諫諍。有這五個人管理各個系統，基本能把齊國的內政理順，不會再出現各自為政的現象，而他們又對相國管仲負責，管仲對齊桓公負責。

從此，齊國政令通達。

除了高層人事調整，管仲還給中下層官員定下規矩，每年的固定時間，官員必須親自來朝廷彙報工作，並且寫下書面總結報告，管仲根據官員的政績，決定齊國官員的升降。不管出身如何，只看工作能力。

能力強的升遷上不封頂，能力不行的一級一級降職。朝廷高官做不了就去做縣長，縣長做不了就去做鄉長，鄉長做不了就去做村長，要是村長也不能勝任，那就趁早退休吧。

管仲整頓官場，就是要激發官員的積極性，不能讓老實人吃虧。

第二是發展魚鹽產業。

齊國在東海之濱，不論捕魚還是煮鹽，都有很便利的地理條件，而魚和鹽又是天下各國離不開的必需品。尤其是鹽，不管吃什麼都要用到，長期吃不到鹽是要出問題的。

於是，管仲在整頓齊國的農業之後，大力發展魚鹽產業，然後利用地理優勢和先進工藝，在天下的魚鹽市場中佔有極高的市場占有率。

誰要想吃魚和鹽，都得向齊國買。只要齊國不賣，市場就要出現商品短缺，緊接著便是生活品質下降和人民鬧事。換句話說，起碼在魚和鹽兩個領域，齊國成為春秋世界的「世界工廠」。

誰敢和齊國齜牙咧嘴，就是跟錢過不去。

有這樣的人嗎？

沒有。

所以齊國把商品賣到天下各國，換回財富和其他貨物，不僅富裕了齊國人民，還促進了商品的再生產，一個完整閉環就出來了。這個經濟閉環讓齊國的國力蒸蒸日上，逐漸成為天下首屈一指的強國。

第三是用國家力量干預經濟。

齊國為了發展經濟，對商業的態度很寬鬆。有一種說法是關卡只查貨物，不收任何賦稅，另一種說法是收百之之二的商業稅。不管怎麼說，在齊國做生意是能賺錢的。

但涉及國計民生的行業，管仲不允許私人進入，而是用國家經營的方式壟斷市場。這樣做的好處就是，收入全部歸國家所有，私人沒有實力對政府指手畫腳。

按照這個思路，管仲把家家戶戶都要吃的鹽、製造兵器需要用的鐵，全部收歸國有。這兩個領域不僅是經濟的上游，還是人類賴以生存的快速消耗品，可想而知齊國政府賺了多少錢。

後來的王朝遇到財政危機，都要把鹽鐵收歸國有，達到充實國庫的目的。可以說，政府干預經濟是古代中國的治國理政經驗。

這項經驗的創始人就是管仲。

管仲的「三板斧」甩出來沒幾年，就出現國庫充盈、人民富足的局面，而且政府沒有太大的人事糾紛，執行力極其強大。從這個層面來說，雖然齊國不是人均收入最高的國家，但是最有活力的國家。

歷史上的改革都要得罪很多人，而且往往推行不下去，為什麼管仲在齊國就能搞得風生水起？

其實還是他說過的話：人民想要什麼，政府給什麼就是了。

3

齊桓公和管仲執政的齊國，除了滿足齊國人民的嚮往，還讓天下各國對齊國抱有期待。為什麼這麼說呢？齊國不是鈔票，地理位置又在東海之濱，怎麼可能做到人見人愛？其實都是有原因的。

自從周平王東遷洛陽，周王室的威信一落千丈，再也不能維護諸侯國平等生存的秩序。什麼分封子弟、諸侯朝貢、追隨周天子征討反對者等，好像是上個世紀的老古董了，誰要是按照這套方式生存，要被人嘲笑為傻子。至於周天子，更是沒人搭理的傀儡。

既然天下各國的秩序崩潰了，那麼各諸侯國就像脫韁的野馬，肯定是怎麼舒服怎麼來了。這個世界上最舒服的事，莫過於為自己爭利。而對於各諸侯國來說，最大的利益就是擴張領土、掠奪財富、青史留名。

於是，沒有周天子維護秩序的春秋時期，成為中國歷史上第一個亂世，諸侯國為了爭奪地盤每年都要打仗。

開始的時候，大家還有點新鮮感。沒有周天子的束縛，諸侯可以放心打仗、一些貴族也擴張權力、農民可以到別國搶劫，他們都有各自的野心。

可是幾百年過去，所有人都苦不堪言。

諸侯國君變得沒有安全感，生怕哪天國家就被滅了，不然就害怕被權臣拉下馬，沒有哪個國君能睡好覺。貴族由於權力擴張，逐漸陷入和國君的零和博弈，不是用百年時間積累實力殺掉國君，就是被國君和其他貴族聯合殺掉。農民更不用說，日子慘得要命。

亂世狂歡過去，所有人都希望重建秩序。只有甩出一套各界都認同的理論，各諸侯國才能坐在一起商量，重新建立維護天下太平的秩序，填補周王朝崩潰留下的權力真空。

這種事情太難了，極其考驗諸侯國君和執政大臣的能力，而且由誰來牽頭，也是大麻煩。

正好，這些條件齊國都滿足。

齊桓公和管仲的能力就不用說了，他們早已在齊國經歷重重考驗，從上到下沒有不認可的。而放眼天下來說，有能力牽頭的大國只有四個——齊、楚、秦、晉。

秦國的位置太偏僻，民生凋敝不說，還遠離主流文化圈，讓秦國牽頭，秦國心有餘而力不足。

晉國的實力很強，又是周朝嫡系，可惜國內亂成一團，貴族大臣只知道爭權奪利，晉文公崛起前的晉國權力非常分散。

天下本沒有楚國，楚國能位列諸侯，基本是靠幾百年擴張領土擠進來的。楚國可能是擴張習慣了，春秋時期依然賊心不死，動不動就吞併周邊小國，柿子挑軟的吃。楚國的問題在於，常年不講道理地吞併小國，表面上顯得很強大，實際上大家都對楚國有了戒心，生怕楚國專門欺負老弱病殘。得到利益失去道義，說的就是楚國。

天下大國中間，有資格、有實力重建秩序的，只有東方大海之濱的齊國。

齊國，就這樣站在歷史進程的舞臺中央。

4

齊桓公和管仲拋出的理論是「尊王攘夷」。

要理解這個理論，重點在「王」和「夷」二字。

「王」的字面意思是周天子，意思是齊國以實力為基礎，號召天下各國維護周天子的地位，該進貢就進貢，該尊重就尊重。由於生產力的限制，誰都沒有統一天下的實力，甚至不能占領太多別國領土，那不如倒退回幾百年前，找一個大家都認可的代表出來，凝聚天下各國的人心。

於是就引出「王」字的深層含義：歷代周天子建立的天下秩序。

齊國要做的就是，透過維護周天子的地位，維護以周天子為中心的天下秩序，最終達到天下太平。

天下太平的目的是什麼？人人都能過上好日子啊。

而周天子曾經賜給齊國一項權力，即齊國可以代表周天子征討搞破壞的國家。齊國只有尊王，才能給天下各國追隨的理由，然後以道德和實力為武器，帶領天下各國打擊不服從的國家。這些不服從的國家就是「夷」。

我們說起「夷」都會想起異族，其實在齊桓公和管仲的理論中，「夷」字一方面是說威脅中原國家的異族，另一方面是指不服從天下秩序的反對者。

比如北方的戎狄，動不動就想騎馬進入中原搶劫，當然是不安定因素。齊桓公就要和其他國家組成聯軍，一起把戎狄驅逐出中原，開拓中原國家的生存空間。

比如南方的楚國，雖然實力強大但不講道義，還想把邊境線推進到黃河以北，這還得了？不給楚國點顏色看看還沒完了。於是，齊桓公帶著聯軍南下擊楚，硬生生把楚國遏制在黃河以南。

只有北擊戎狄，南遏強楚，維護好天下秩序，讓各國都能和平共處，「攘夷」才算完成。這就是「尊王攘夷」的意義。

今天回溯數千年的歷史，從宏觀的角度來看，可以知道「尊王攘夷」是好方法，並且取得極大成功，可春秋時期的人不知道啊，他們憑什麼相信齊國呢？

答案是——誠信。

「誠信」二字被人說爛了，我們聽起來有些不著邊際，那是因為我們平時體會不到，甚至沒有體驗誠信的機會。人只有在緊急時刻，才能體會到「誠信」二字的威力，進而體會到堅守誠信的人和國家，到底有什麼樣的魅力。

齊桓公繼位五年的時候，發兵擊敗魯國，魯國實在沒辦法只能割地求和，雙方說定，到一個地方舉行簽約儀式。

那天萬里無雲，禮炮齊鳴、鑼鼓喧天、人山人海，齊桓公喜氣洋洋地簽下名字，魯國君主愁眉苦臉，正準備落筆，白光一閃，魯國人曹沫手持匕首衝過來。

曹沫用匕首抵住齊桓公的脖子：「把魯國土地還回去。」匹夫一怒，血濺五步，齊桓公沒辦法，只能答應曹沫，剛才的簽字不算數，並且把占領的魯國土地還回去。

曹沫退下，齊桓公後悔了。堂堂大國君主被敵國威脅，成何體統？再說了，威脅一下就把土地還回去，以後還怎麼做人？

所以齊桓公準備繼續簽約，然後弄死曹沫。

此時管仲說話了：「你答應別人的事情就要做到，這是給天下各國看的，出來混要講誠信。」齊桓公想想也對，便放過曹沫，退回土地，燒掉合同……打了一仗什麼都沒有得到。

但是天下各國都看在眼裡，不禁感嘆：「說到做到，而且不以實力稱雄，真是好大哥啊，以後我們都跟你混。」太史公是這樣寫的：「諸侯聞之，皆信齊而欲附焉。」

這才是人心所向。

後來衛國被北狄侵略，齊桓公帶著各國聯軍驅逐狄人，並且築楚丘城，重建衛國，讓這個被滅的國家可以存續。天下各國又看到不一樣的意義：「大哥有能力保護我們，還不收錢，比楚國強太多了。」

這樣的大哥，誰不喜歡？

於是，不管是經商國家還是種地國家，沿海國家還是內陸國家，都願意和齊國交朋友，導致齊國的朋友遍天下。

他們站在「尊王攘夷」的大纛[1]之下，一邊維護周天子的天下秩序，一邊發兵攻打威脅天下秩序的反對者，重新建立起太平世界。

管仲做相國四十一年，輔佐齊桓公九合諸侯、匡扶天下，齊國大旗所指，天下景從。

齊國，霸業已成。

5

回顧齊國成就霸業的歷程，我們就會知道，國家霸業不只是爭取來的。歷史進程走到某個時間點，舊秩序崩潰，新秩序尚未建立時，需要一個國家出來做霸主，維護和平。齊

1 編按：纛（ㄉㄠˋ）：軍中大旗。（全書註解未特別標明編按者，為作者原註。）

國當時正好是齊桓公和管仲執政，有足夠的能力和眼界，接過歷史交代的任務。

這兩個時間點無縫對接，才成就齊國霸業。

只能說，歷史選擇了齊國。

在國內建設階段，齊國是打鐵還需自身硬，等到國內整頓完成走向天下的時候，齊國的標配變成「勿謂言之不預也」。也可以說，齊國沒有辜負歷史。

但是趕上歷史的進程是機遇，想要不辜負這份機遇，還是要努力奮鬥啊。

貿易強國的窮途末路

1

趙國和秦國都是戰國七雄之一，兩家爭霸幾百年，不是趙國西進圖謀滅秦，就是秦國東出攻趙，這麼幾百年打下來，兩國可謂是有不共戴天之仇。「長平之戰」中，秦國坑殺趙國四十多萬人，更是積累了血海深仇。

但這樣兩個互相敵視的國家，王室家族其實是一家人。

是的，趙武靈王和秦始皇是一家人，身上有相同的血脈。

相傳，秦、趙王室都出自顓頊帝，祖上在堯、舜、禹時期非常輝煌。他們有個叫大費的祖先輔佐大禹治水，被舜帝點讚，賜予嬴姓，並且親自頒發一面錦旗：

「諮爾費，贊禹功，其賜爾皂游。爾後嗣將大出。」

所謂「大出」就是繁盛、揚名立萬。盛世做國家棟梁，亂世成天下霸主。

經過夏、商兩代，嬴氏家族仍然活躍在中國的政治舞臺，發展勢頭非常迅猛，出了很多顯貴人物，逐漸成為諸侯。

但是人無千日好，花無百日紅啊，嬴氏家族輝煌到商朝末年，終於迎來一場大劫。那時，代表家族站在台前的人是蜚廉以及他的兒子惡來，曹操評價典韋「古之惡來」，說的就是此人。

父子倆在朝歌伺候商紂王，非常得寵，晉級為嬴氏家族的代表人物。結果好死不死地遇到武王伐紂，蜚廉和惡來作為紂王寵臣，自然要被打倒批臭，還要被踩上一萬腳。

於是惡來死了，蜚廉因為到外地出差逃過一劫。

苦心經營千年的家族毀於一旦，不出意外的話，嬴氏家族和其他上古部落一樣，很快就會消失在歷史的長河裡。

蜚廉不甘心啊：「你們幾個人換我五代家業，划算嗎？」

不划算也沒辦法，周朝已經問鼎天下，國運如日中天，百無聊賴的蜚廉只能休養生息，把有限的生命投入無限的生娃事業中，最終生了個兒子叫季勝。

這個季勝，就是趙國的直系祖先。

因為時間會忘記一切仇恨。經過幾代人的洗白，嬴氏家族已經成功上岸，季勝曾孫造父成了周穆王的寵臣，一度以親信的身分，陪周穆王和西王母約會，做些端茶倒水和門口放風的事。

周穆王和西王母約會的時候，正值徐國叛亂，造父親自駕車帶周穆王回國平叛，立下大功。

周穆王論功行賞，把趙城賜給造父，為了區別其他嬴姓同族，造父這一支也就成了嬴姓趙氏。

而惡來死後，也有後代活下來，傳到周穆王時代的嫡系子孫，名叫非子。

非子發現同族兄弟竟然發達了，趕緊去趙城投奔，成了嬴姓趙氏的成員。

後來非子跑去為周天子養馬，養得又肥又壯，周天子很滿意，便賜給非子一塊土地，讓他做周朝的附庸，名號為秦。

經過幾百年的蟄伏，蜚廉的兩支後代重新崛起，成為周朝的兩個諸侯，此後秦、趙成為中國大地上兩個重要的國家。

這段人名有點亂，我還是捋一下。

秦國		趙國
黃帝		
⇩		
顓頊		
⇩		
大費		
⇩		
蜚廉	→	↓
⇩		
惡來	親兄弟	季勝
⇩		⇩
女防	堂兄弟	孟增
⇩		⇩
旁皋	堂兄弟	衡父
⇩		⇩
太幾	堂兄弟	造父
⇩		
大駱		
⇩		
非子		

趙國和秦國同宗同源，崛起的時間也差不多，甚至有段時間有人認為，趙國和秦國最有希望統一天下，即便不能統一，也只有趙國可以遏制秦國東進。

也就是說，不論哪個國家崛起，另一個國家都是強大的制衡力量，而不論哪個國家統一天下，其實都是嬴姓家族的勝利。

可見趙國和秦國是平起平坐的。

那為什麼走到戰國末期，秦國可以吊打趙國，直到攻入邯鄲滅趙？除了「長平之戰」的用人失誤，趙國失敗的原因還有兩個：

民族問題和農業問題。

2

《呂氏春秋》裡說：「當禹之時，天下萬國，至於湯而三千餘國……」、「周之所封四百餘，服國八百餘……」

看看這些數字吧。

國家數量從一萬減少到一千二，說明夏、商兩代平靜的表面下，隱藏著國家整合兼併的暗流，導致國家數量逐漸減少，而各地小國成長為地域大國。

當然了，大部分國家並不是真正的國家，而是一些聚族而居的部落，用樹枝掛一張獸皮，在上面寫個部落名字，就可以說自己是國家了。那片世代生活的土地，便是部落國家的領土。

在整合兼併的歷史進程中，到戰國時期只剩下七個大國，按照以往的歷史慣性，這七個國家也會互相兼併，遲早會合併為一個超級大國。

這就是歷史的進程，誰都阻擋不了。

除了國家之間的整合兼併以外，每個國家也在整合兼併內部的人口、部落、土地等資源。趙國的基本盤是山西北部、河北中部，離草原非常近，離中原也比較遠，這樣的地理位置，境內必然有很多戎狄部落，邊境也有不少游牧部落在游蕩。

我們都知道游牧部落的習性，成百上千人群居生活，哪裡水草豐茂就向哪裡遷徙。表面上看，這些部落是國家的成員，實際上國家根本沒法對其進行有效管理，更不可能動員人力、物力，讓他們做國家的「螺絲釘」。

可以說，游牧部落是國家的編外人員，也是移動的「定時炸彈」。

這個問題在晉國時期就存在了，為此，晉國公族和卿大夫家族與戎狄聯姻，想用婚姻的方式解決這個問題。

讓晉文公逃亡十九年的驪姬之亂，就是老晉公娶了戎狄部落的驪姬，想讓「晉戎聯姻」生下的兒子繼位，造成的國內大亂。

到了「三家分晉」以後，趙國繼承了晉國的毛病，還是沒有消化戎狄部落，依然用聯姻的老辦法進行安撫籠絡，動不動就給趙公子娶個戎狄老婆。

這樣一來，戎狄部落是不是和趙國站在一起，便取決於部落首領的態度，以及和趙國王室的親密程度。

總而言之就是拉攏、安撫、維護表面和諧，但這種軟弱的手段，根本解決不了民族融合的問題。

想徹底解決民族問題，只有變法。

趙國變法比較晚，直到西元前三〇七年，趙武靈王才開始實施「胡服騎射」，也就是向戎狄部落學習，組建騎兵部隊，提高國家的軍事實力。

我們現在說起「胡服騎射」，都覺得是一項偉大的改革，但是結合趙國民族複雜的局面來看，不如說「胡服騎射」是向戎狄部落妥協。

既然我不能同化戎狄部落，也不能進行有效管理，那我就向後退一步，拉低自己的文明水準，以便和戎狄部落達成共識，換一種方式解決民族問題。

趙武靈王做得很成功。

「胡服騎射」的命令頒布不久，便出現「林胡王獻馬」、「代相趙固主胡，致其兵」的大好局面。

雖然開局不錯，但趙國的國運也到此為止了。

因為戎狄部落是趙武靈王拉攏來的，他就不可能頒布民族融合的法令，更不可能把戎狄部落徹底打散，為他們上戶口、分房子。要不然林胡王和樓煩王就要說了：「趙國都穿胡服了，表示要向我們靠攏啊，這不就是民族融合嗎？現在又要拆分我們，趙王你到底要幹什麼？」

這就沒辦法繼續下去了。

也就是說，趙國用自我閹割的方式，暫時形成國內民族統一的局面，換來國力的空前強大，但是並沒有從根本上解決問題。

用《笑傲江湖》的話說，趙國練了《辟邪劍譜》。

而秦國沒有「胡服騎射」，也走出一條整合國力的道路，就是我們非常熟悉的「商鞅變法」。

秦國的基本盤在陝西境內，那地方屬於中原西陲，境內有很多戎狄部落，當時的中原國家就說了，秦國「與戎狄同俗」，長期被視為不開化的野蠻人。

西元前三五六年，「商鞅變法」啟動，稍有成效，於六年後啟動第二次變法，其中一條就是清除戎狄習俗，並且不允許和戎狄一樣聚族而居。

為了保證法令的威力，商鞅還規定「民有二男以上不分異者，倍其賦」，意思就是不願意拆分成小家庭的，那就交雙倍賦稅吧。

誰和錢過不去啊，分居就分居吧，又不是活不下去。

於是秦國境內聚族而居的戎狄部落，紛紛被拆分成零散的個體，而且要服從當地政府的管理，讓你種地就種地，讓你放馬就放馬，不能有任何對抗政府的想法。

這麼做有兩個好處：

第一是徹底消化了戎狄部落，讓他們不再是移動的「定時炸彈」，而是秦國境內聽命令的良民。

第二是增加政府的動員力，那些戎狄部落的人口，極大擴充了秦國農民和士兵的數量，秦國也隨時可以把人口轉化為生產力或戰鬥力。

正因為秦國做得很成功，商鞅才說：「始秦戎狄之教，父子無別，同室而居。今我更制其教，而為其男女之別，大築冀闕，營如魯、衛矣。」

戎狄之教，屬於落後的社會組織方式。魯、衛，代表當時比較高的文明程度。現在秦國已經脫離低級文明，和文明最先進的魯、衛比肩了，而且秦國有更善戰的軍隊、更有效率的政府，可謂是「文武雙全的美男子」。

而幾十年後的張儀評價趙國：「趙氏，中央之國也，雜民之所居也。」

一個是營造如魯、衛的高戰鬥力國家，一個是雜民所居的國家，你仔細體會一下這裡面的區別。

3

沒有真正解決民族問題，進一步導致趙國嚴重分裂。

一九三五年，中國地理學家胡煥庸提出一個理念，在黑龍江璦琿（今黑河市愛輝區）和雲南騰衝之間畫一條線，大致可以說明中國的人口和經濟模式。

這條線以東是傳統農耕區，經濟發達，居住著大部分人口；以西則是草原和沙漠，屬於自古以來的游牧經濟區域。

後來，這條線被命名為「胡煥庸線」。

我們用「胡煥庸線」來看趙國歷史，就能看得很明白了。

西元前四七五——前四二五年，趙氏家主是趙襄子，執掌趙氏家族的生殺大權，雖然「三家分晉」還沒有發生，但是趙、魏、韓已經坐大，各家都能獨立擴張地盤了。

趙襄子時代，趙氏奪取代地，於是該如何治理代地，成為趙氏必須要考慮的問題。

代地在山西北部，緊靠著內蒙古大草原，在經濟和人口不發達的春秋戰國時期，那地方是戎狄的地盤，大致處於「胡煥庸線」的西邊，而趙氏的傳統地盤在太原和河北地區，在「胡煥庸線」的東邊。

既然經濟模式不同，再加上不能徹底壓服戎狄，趙襄子便想出一個辦法，封親侄子為代成君，代表趙氏家族統治代地。

要知道，那時候已經出現郡縣制了，如果可行，大家都寧願選擇郡縣制來治國，誰都知道分封會削弱國力。

但是沒辦法，經濟問題和民族問題告訴趙襄子，代地設不了郡縣，只能分封出去，按照戎狄的習俗管理戎狄。

到了戰國時期，趙武靈王缺一個商鞅為他變法，也知道解決不了這個問題，便延續分封的政策，不僅設立「代相」的職位，並且封長子趙章為安陽君，統治代地。

問題已經很明白了，代地是趙國內部的一個封國，權力極大，獨立性極強，完全有能力和趙國的邯鄲政府抗衡。

這就是民族問題造成的國家大面積分裂。

而且趙武靈王立幼子趙何為王，自己退位做「主父」，準備親自統領軍隊開疆拓土，讓兩個兒子分別統治游牧和農耕區。

一條大致畫出的「胡煥庸線」，說明了趙國游牧和農耕的經濟問題，以及趙人和戎狄的民族問題，最終讓趙國分裂成兩個獨立地區。

而分裂的趙國，又引爆趙氏兄弟爭權的「沙丘政變」，威名赫赫的趙武靈王被活活餓死。

後來趙國終於在代地設立郡縣了，但也只是設立了郡縣機構，根本不能有效控制地方，導致代地的獨立性非常強，好像不是趙國地盤似的。

比如，李牧是戰國四大名將之一，中國歷史上忠臣良將的代表。

可是《史記・張釋之馮唐列傳》裡，馮唐對漢文帝說：「李牧為趙將居邊，軍市之租皆自用饗士。」

《史記・廉頗藺相如列傳》裡也有，「李牧……常居代雁門，備匈奴。以便宜置吏，市租皆輸入莫府，為士卒費。日擊數牛饗士……」。

李牧駐紮代地的時候，辦了軍隊經營的農貿市場，收到的賦稅全部做軍費，一分錢都不向朝廷上交，而且可以自己任命官吏、不報告朝廷就能決定是否和匈奴作戰、議和。

而且每天殺幾頭耕牛，給士兵吃牛肉。

這種在秦國是天方夜譚的事，在趙國卻常見。

可以說，直到趙國滅亡的時候，代地始終是半獨立地區，趙國朝廷能直接動員的力量非常有限。

當然，趙國也不是沒努力過。

《史記・趙世家》記載，趙國滅了中山國以後，「遷其王於膚施」，膚施在今陝西榆林東南，當時是趙國管轄的代地。既然遷徙中山王，那麼肯定有很多中山國子民隨行。

趙國這麼做，一方面是空出中山國的地盤，讓趙人住進去；另一方面是透過移民同化代地的戎狄部落。

《竹書紀年》也說，「邯鄲命吏大夫奴遷於九原」，九原在河套地區，更是代地的核心地區。

如果說遷徙中山國子民，不算嚴格的趙國移民，那麼直接遷徙趙國人民，基本上可以表明趙國同化代地的決心了。

但結果很不好。

因為趙國不能嚴格管理代地，控制力非常弱，於是趙國遷徙到代地的人民，非但沒有完成同化戎狄的任務，反而讓戎狄給同化了，甚至有一部分戎狄化的趙人，跑到草原上做了匈奴人。

這一切能怪誰呢？

這是民族問題導致的政權結構變異，唯一能解決一切問題的變法，也沒有徹底推行。想練《辟邪劍譜》，遲早是要還的。

而秦國經過徹底的變法，大抵沒有民族問題造成的國家分裂。

陝北和甘肅是傳統游牧地區，除了征服初期的反覆較量，你什麼時候聽說這些地方有獨立傾向？

畢竟在個人原子化的社會，政府的控制力是極強的。

就算個別人有獨立想法，以秦國政府和軍隊的高效率，隨便出手，也能把民間叛亂消弭於無形。

這就是變法和集權的力量。

4

趙國的問題這麼多，為什麼還能堅持幾百年，西元前二二二年才滅國？其實主要是因為邯鄲的地理位置好。

當時的中國北方有幾條交通要道，不論貿易還是作戰，都要從這幾條交通要道運輸貨物糧草。

一條是南北向道路，起自燕國首都薊城，直達河南的魏國和韓國，然後經過溫縣，向西延伸到洛陽、函谷關附近。

另一條是東西向道路，起自上黨，向東可以到達齊國的臨淄。

還有一條東西向的道路，從齊國臨淄橫穿趙國全境以後，可以直達秦國首都咸陽。

而這三條交通要道的交會點，就是趙國首都邯鄲。

中國北方的貿易往來都要走這幾條路，也必然要經過邯鄲，於是邯鄲成為中國商業的中心樞紐，重要的商業貿易城市，以至於「商賈錯於路，諸侯交於道」。

趙國首都是重量級商業城市，可想而知貨幣流通有多少，趙國的商稅收到手軟，數錢數到手抽筋。

正因為有大量商稅可以收，變法不徹底的趙國，完全可以用經濟來掩蓋國內矛盾，實力雄厚，大部分時候可以硬抗秦國。

趙國在長平之戰後能堅持幾十年，原因就在這裡了。

趙國在收商稅之餘，還發展高科技和金融。

那時候的高科技是煉鐵，畢竟鐵煉得好，可以賣給其他國家打造兵器……說來也巧，邯鄲附近的鐵礦非常豐富，整個趙國的河北、山西地區，有很多鐵礦。

更絕的是，趙國煉鐵用「高溫液體還原法」，造出來的斧、錘、鑿、刀等鐵器特別耐用，是各國爭搶的暢銷品。所以趙國占據河北，就有了高科技生財利器。

到了戰國後期，煉鐵這項高科技專案，已經成為趙國的重要產業，和商稅一起維持趙國的國力。

而有了貿易和高科技，趙國發行的貨幣自然就多了，那些布幣和刀幣跟著商人流動，形成趙錢流通天下的金融現象。

從考古成果來看，趙國貨幣是出土最多的，占到春秋戰國貨幣的三分之一，僅僅一九六三年山西陽高縣發現的一萬三千枚貨幣，趙錢就有二十四種，而魏國是六種、韓國三種、燕國兩種。

可見趙錢是真的多。

幸虧戰國時期的金融知識不發達，要不然趙國完全可以收鑄幣稅，或者用收緊銀根、大水漫灌的方法搞金融危機，削弱其他國家的國力。

以趙國的經濟實力，這是完全可以做到的。

但趙國終究失敗了，為什麼呢？

除了民族問題造成的國內矛盾，趙國的另一個根本危機就是農業。

我們之前說重農抑商的時候說過，農業是古代中國唯一的生產項目，商業是不從事生產的食利行業。

那些不實行「重農抑商」的國家，終究要走上滅亡的道路，只有重視農業生產的國家，才有一步步向前走的希望。

趙國因為貿易、金融和高科技產業發達，不是非常重視農業，不僅從來沒有改革農業的生產關係，也很少頒布鼓勵農業的法令，自始至終都沒有整合起農業資源。

後來趙國徹底躺平了，反正有的是錢，可以買糧買兵嘛，何必要自力更生發展實業呢？

所以趙國的「農商並重」之路，其實放棄了生產積累的產業，導致食利產業侵佔了國家的半壁江山。

而不努力生產的國家，娛樂業往往比較發達，於是趙女成為戰國時期的娛樂明星，高級的出入諸侯後宮，低級的就在街頭賣藝。

這種國家不管多強大，都是一個大泡沫。

再看秦國，非常重視農業。

「商鞅變法」裡的廢井田開阡陌、耕戰、用糧換爵等法令，都是在鼓勵農業生產、打擊食利的商業，這才是正經的強國之術。

早在秦惠文王時代，蘇秦就說：「（秦國）田肥美，民殷富，戰車萬乘，奮擊百萬，沃野千里，蓄積饒多，地勢形便，此所謂天府，天下之雄國也。」

到了秦始皇發起滅國大戰之前，秦國境內「粟如丘山」、「秦富天下十倍」，綜合國力遠遠超過以趙國為首的關東六國。

在秦國這種生產力發達的雄國面前，趙國豐厚的商稅、交通的發達、發行的貨幣能堅持幾十年，但終究底氣不足，遲早要衰落下去的。

《荀子・富國》裡說：「輕田野之稅，平關市之征，省商賈之數，罕興力役，無奪農時，如是則國富矣。」、「士大夫眾則國貧，工商眾則國貧。」

說的其實也是這個意思，當食利者眾多的時候，國家必然貧困衰落。重視生產積累，國家才能富裕起來，越走越遠。

經過長平之戰的毀滅性打擊，秦國逐漸蠶食太原、上黨等地，鈍刀子割肉一樣消耗趙國的國力，足足放了幾十年的血。

等秦始皇準備妥當，趙國滅亡的時候就到了。

5

西元前二二八年，秦軍攻破邯鄲，趙王遷出城投降。曾經在邯鄲生活多年的秦始皇聽到消息，親自去了邯鄲，把以前和他有仇怨的人全部坑殺。

趙國公子趙嘉帶著幾百人，跑到代地自立為王，苟延殘喘了幾年，於西元前二二二年被平定遼東的王賁回師，順手滅了。

走在邯鄲街頭的秦始皇，不知是否會想起，秦國和趙國的祖先在許多年前是同一個人，只是後代走上不同的道路。

趙國一支離開周天子投奔晉國，然後去偷、去搶、去騙晉國的老同事，一點都不講武德，和魏氏、韓氏用幾百年時間，薅完晉國的羊毛，才被周天子承認既定事實，冊封為諸侯。

秦國一支經過短暫的寄人籬下的生活之後，跑到關中自力更生，用幾百年血戰才打下秦國的基本盤，此後變法、征戰、滅國一氣呵成，最終完成舜帝「爾後嗣將大出」的預言。

故事的結局，恐怕在秦、趙各奔東西的時候，就已經註定了。

因為美好的預言，需要努力奮鬥才能爭取到。

小國的生存之道

1

韓國王室是周天子的本家親戚，不過血脈關係太遠，除了「姬姓」以外什麼都沒混到，史書中說，「事微國小，春秋無語」。

可見春秋時期其他國家爭霸的時候，韓國連入場券都沒領到。

後來他們家出了一個猛人，這個人決定不再躺平挨捶，要振作起來，便跑去晉國找工作。

經過多年（也可能是幾代人）的努力工作，終於被晉國賞賜了一塊封地，這才有了起家的資本。

因為封地在韓原，那個受封的人便被稱為韓武子，他的曾孫叫韓厥，為了證明自己的身分，改稱姬姓韓氏。

這是韓國的起點。

大家可能不知道韓厥是誰，其實他在「趙氏孤兒」裡跑過龍套，不僅在屠岸賈大肆殺戮之前通知趙朔逃跑，並且在趙朔死後，守護了趙氏有孤兒的祕密。

十四年後，他把趙氏孤兒的祕密告訴晉景公，這才恢復趙家的地位。

你看，人家明明已經很努力了，依然是歷史大事件裡的龍套角色。就像雞湯故事裡說的，我努力十八年才能和你一起喝咖啡，卻不能參與你的生活。

不過能參與歷史大事件，代表會有一系列進步機會。

隨後韓、趙、魏三家瓜分了祁氏、羊舌氏的十縣地盤，又參與討伐範氏、中行氏，地盤繼續擴大。

到了西元前四五三年，韓、趙、魏聯手攻滅智伯，瓜分智氏的地盤，膨脹到不可遏制的程度，書裡說「地益大，大於諸侯」，可見韓氏已經有了睥睨諸侯的實力。

回頭來看這些歷史大事件，幾乎沒有一件是韓氏主導的，他們主要是用既得利益做籌碼，透過一系列成功選邊站，混成一方諸侯的。

韓氏的地盤，也是參與瓜分失敗者逐漸積攢起來的。

原本晉國是春秋時代的霸主之一，家底特別雄厚，韓、趙、魏撕咬晉國的屍體，也各自吃得滿嘴流油。

西元前四〇三年「三家分晉」以後，韓國憑藉晉國留下的遺產，竟然能「伐鄭，取陽城。伐宋，到彭城，執宋君……伐齊，至桑丘」，甚至在西元前三七五年滅了鄭國，遷都新鄭。

這也是韓國位列「戰國七雄」的底氣。

周邊大國打不過，但可以吊打一些小國，屬於將軍裡的矬子，矬子裡的將軍。

2

韓國的葫蘆裡有幾個寶貝，大抵保證了「雉將軍」的地位，不至於退出「戰國七雄」的行列。

第一個寶貝就是人口。

在經濟重心向江南轉移以前，中國大量人口集中在北方，尤其是黃河中下游地區，更是人口大量聚集的地方。

這個歷史規律從三皇五帝時期，一直持續到唐朝安史之亂以前。直到唐朝末年的戰亂導致人口向南遷徙，再加上氣溫降低，江南逐漸適合人類生存，北宋時期的人口，才變成南北方大約各占一半。

所以在戰國時期，人口最多的地方，還是在黃河中下游地區。

根據《史記・韓世家》裡「秦拔我宜陽」、「秦拔我宛」、「秦悉拔我上黨」、「秦虜王安，盡入其地，為潁川郡」的記載，我們可以知道，宜陽、宛城、上黨和新鄭都曾是韓國的土地，而這些地方對應的郡，則是三川郡、南陽郡、上黨郡和潁川郡。

這些地方有多少人口呢？

戰國時期沒有人口普查，我們不知道具體資料，不過西漢末年做過一次，全國總人口六千萬左右，其中河南郡一百七十四萬人，南陽郡一百九十四萬人，潁川二二一萬人，上黨郡三十三萬人，四郡人口共計六百二十二萬人。

據學者估計，戰國時期總人口約二千五百萬，那麼按百分之四十一的比例換算，就知道韓國鼎盛時期有二百五十五萬左右的人口。

在人口就是勞動力的年代，韓國的人口不少了。要知道秦國奮鬥一百多年，國土面積翻幾倍，到滅國大戰前夕也不過六百萬人口。

真要說韓國立國初期，人口恐怕不比秦國少。

第二個寶貝是鐵礦。

韓國故都宜陽有一個鐵礦，產量非常高，冶鐵技術也非常好，結果在挖礦的同時，把宜陽和新鄭也打造成了冶鐵城市。

有鐵、有技術，一方面可以販賣生鐵，充裕財政；另一方面能打造鐵製武器，裝備韓國的軍隊。

那時候的主流武器材料是青銅，很脆，不耐用，如果大家都用青銅器作戰也沒什麼，可是如果有人裝備了比較堅硬的鐵器，那不就成降維打擊了嘛。

所以裝備鐵器的韓國，在各國軍隊中戰鬥力還不錯。

而且韓國把鐵和技術結合起來，生產出射程遠、力量強的弩，據說能射六百步，在冷兵器時代，這種鐵弩就是大殺器。

蘇秦合縱的時候拍韓王馬屁：「（韓國）地方九百餘里，帶甲數十萬，天下強弓勁弩皆從韓出。……韓卒超足而射，百發不暇止。遠者括蔽洞胸，近者鏑弇心。……以韓卒之勇，被堅甲，蹠勁弩，帶利劍，一人當百，不足言也。」

大意就是韓國的武器裝備太優秀了，千萬要振作起來，絕不能躺平。

蘇秦是大嘴巴，遊說的時候也有誇張的成分，畢竟是外交嘛，大家都能理解。但是韓王竟然沒有反駁，反而默認蘇秦說得有道理。

那麼拋開外交場合的相互吹捧，間接也可以說明，韓國軍隊是真不錯。有一項領先各國的產業和技術，這也是韓國稱雄的大本錢。

第三個寶貝是城市。

西元前三七五年韓國滅鄭，遷都新鄭。韓國知道自己的國土面積小，戰略縱深不足，一旦爆發戰爭，極有可能出現兵臨城下的局面，那麼都城的防禦就很重要了。

於是韓國對新鄭進行大規模改造。

比如城牆要加寬加厚，絕不能讓敵人輕易攻破。新鄭城內也修建一座牆，把新鄭分成東西兩城，即便敵軍攻進來，也不可能順利占領整個城市，而韓軍卻能用分割開的城市，進行巷戰。

至於周邊防禦圈，那就更簡單了。

新鄭城外有什麼山頭、水溝和關隘之類的地方，基本上都修建了軍事堡壘，派小股部隊駐守。

這些軍事堡壘和地鼠似的，單獨拎出一個來駐軍不多，可是成百上千個堡壘加起來，就是一股龐大的軍事力量。

如果某個堡壘遭遇攻擊，其他部隊可以迅速趕來援助。

猛虎架不住狼多，就問你怕不怕？

經過多年經營，韓國形成以新鄭為中心、周邊城市為據點、遍地軍事堡壘為基礎的軍事防禦體系。

這套軍事體系和鐵王八一樣，誰來啃都要崩掉大門牙。

我滅不了你，你也休想滅了我，對了，就是陪你耗。

照道理說，立國之初的韓國基礎條件不錯，甚至一度和秦國不相上下，不說強勢崛起爭霸天下，起碼也能做個地域性強國吧。

最後怎麼就混成戰國最矬的國家了呢？

3

我始終相信，地理能決定一個國家的命運。

韓國處於中原的核心地區，這地方在歷史上屬於「四戰之地」，凡是以中原做根據地的勢力，基本上沒什麼好下場。

所謂「得中原者得天下」，並不是說以中原為根據地的勢力能得天下，而是說中原作為地緣戰略的支點，可以做強大勢力進攻的跳板。比如三晉攻楚要經過中原吧，秦國伐齊要經過中原吧，楚國問鼎天下要經過中原吧？

處於這種位置，韓國註定是天下強國的眼中釘。

除了中原以外，韓國北部的上黨地區，更是重要的戰略地區。

山西號稱「表裡山河」、「俯瞰中原」，呂梁山和太行山處在兩邊，讓山西成為相對封閉的獨立地理單元。

誰要是占據山西全境，便能四面出擊爭霸，贏了皆大歡喜，輸了也可以退回山西，封住兩座大山和黃河，誰都進不來。

春秋時期的晉國、五代十國的沙陀、民國的閻錫山，都是利用山西的地理條件，數十年立於不敗之地。

現在韓國沒有山西全境，卻割到了上黨地區。

這地方在太行山南部，屬於易守難攻的戰略高地，韓國有了上黨地區，足以利用地形威脅趙國和魏國。

於是趙、魏作為異父異母的親兄弟，也不喜歡韓國，最起碼不喜歡擁有上黨地區的韓國。

得罪了天下各國，韓國的日子很難過。

你可能有疑問：「東漢末年，曹操也是中原勢力，為什麼他能東征西討，最終統一北方呢？」

這個問題也簡單。曹操的個人能力固然很強，但曹操成功的主要原因是，除了河北袁紹以外，周邊勢力都沒有整合起來，而且袁紹的動員力遠遠不如曹操。

比如關中的董卓殘部，涼州的馬超、韓遂，南陽張繡，徐州的劉備、呂布，不僅個人能力不如曹操，武將也不如以曹氏為核心的團隊，甚至境內的門閥士族，也沒有像潁川士族一樣整合起來。

這樣的勢力，根本不是曹操的對手，所以曹操才能逐漸滅掉周邊勢力，集中力量和袁紹決戰。

可以說曹操處於四戰之地，卻除了袁紹以外，沒有與之匹配的敵人。

現在韓國就沒這麼好的運氣了，論國家的實力和資源整合力，哪個國家都不比韓國差。

韓國想改變命運，只有兩條路可走：要麼自我閹割，心甘情願地做大國的狗腿子；要麼積極追求進步，向四周擴張。

國家和人一樣，只要有的選，誰願意躺平挨捶呢？於是韓國選擇追求進步，努力做一個大國。

西元前三五一年，韓國拜申不害為相，開始變法。

看到這個時間，恐怕你也想到了，此時的秦國正在進行商鞅變法。也就是說，韓國和秦國是同時變法的。

我們知道，商鞅變法徹底改造了秦國，把秦國的土地、人口、軍隊、貴族和地理都整合在一起。而且商鞅在變法的過程中，秦國用授田、軍功爵的方式，讓無數農民和軍人受益，培養起和變法榮辱與共的利益集團。

不管什麼時候，這些人都不可能反對變法，要不然到手的利益就得吐出去。這才是變法成功的關鍵。

大家可以注意一下，中國古代王朝能不能變法成功，有一個關鍵指標，就是有沒有一個因變法受益的利益集團。

如果沒有，那就非失敗不可，王安石就是一個例子。

而商鞅變法之所以成功，就是因為有一個龐大的受益群體，才形成不可阻擋的趨勢，越滾越大，最終徹底改變當時的中國。

韓國變法，恰恰因為沒有培養起利益集團，最終才會失敗。

申不害是法家的術治派，講究強化君主集權、君主用權術手段駕馭群臣、用法令整頓官吏，清理貴族，都是變法中所含的重點。

這套手段見效快、火力猛，但是仔細想一下，法令都是有利於君主的，沒有一條讓大臣受益，更沒有打通人民階層躍升的通道。

好處都讓君主占了，黑鍋全讓大臣背，人民被迫成為沉默的觀眾，誰腦子進水了支持變法？

這種變法就是走邪路了。
沒有培養起變法的利益集團，結果就是韓國只強大了十五年。申不害變法的同年，「國內以治，諸侯不來侵伐」，申不害去世兩年後，便出現「秦來拔我宜陽」的黑色幽默。
所以說，依賴於強人的政治，必然隨著強人的離世而落幕。政治這東西終究要把朋友搞得多多的，把敵人搞得少少的。
而韓國變法失敗，便沒有四面出擊的國力，進而不能打破地理格局的制約，只能困在中原挨捶了。

4

西元前三〇七年，秦國斬首六萬，攻佔宜陽。
我們前文說，宜陽是韓國的冶鐵重地，產業和技術占韓國的半壁江山，現在秦國攻佔宜陽，相當於奪走韓國的產業鏈、高新技術和原料產地。
失去宜陽的韓國，還是當年有望崛起的韓國嗎？
而有了宜陽的秦國實力大增，後來秦國的軍工發達，尤其喜歡用弓弩破敵，極有可能是吸收了韓國的軍工技術。

此消彼長之下，韓國算是徹底走下坡路了。

於是韓國的生存之道，便從正面硬抗，轉型為背後搞陰謀，只要能讓韓國避免亡國的命運，什麼事都能做，什麼話都能說，總之一個字——「苟」。

你說節操，韓國會問你：什麼是節操？

比如長平之戰的起點，就是秦國要攻佔上黨，然後以上黨的戰略高地為橋頭堡，威懾趙、魏、韓三國，慢慢經略中原。

韓國知道打不過秦國，上黨郡守便投降趙國，玩了一把禍水東引。那意思就是，上黨送到面前了，趙國想不想要？想要就幫韓國攻秦。

結果趙國被坑慘了，賠進去四十多萬人。

秦始皇繼位以後，天下各國都知道，秦國肯定要發動滅國大戰，大家的好日子都不長了。怎麼才能續命呢？韓國的辦法還是苟。

韓國派水利工程師鄭國入秦，勸秦國修一條水渠，好處非常多，秦國儘管放心。

其實就是糊弄，水渠是不是對秦國有利，韓國根本不關心，只要能以修渠的名義，消耗秦國的人力物力就行。

秦國君臣被糊弄了，開始動工修渠。結果水渠修好以後，可以灌溉四萬頃田，以至於「關中為沃野，無凶年，秦以富強」。

還是搬起石頭砸自己的腳。

《史記‧韓世家》的後半段，基本就是一部韓國的血淚史，司馬遷的筆調冷峻，語言精練，沒有任何個人感情，但讀起來還是感覺很慘。

（桓惠王）九年，秦拔我陘，城汾旁。

十年，秦擊我於太行……

十四年，秦拔趙上黨，殺馬服子卒四十餘萬於長平。

十七年，秦拔我陽城、負黍。

……

二十四年，秦拔我城皋、滎陽。

二十六年，秦悉拔我上黨。

二十九年，秦拔我十三城。

……

（王安）九年，秦虜王安，盡入其地，爲潁川郡。

韓遂亡。

隨著各地被秦國占領，韓國的人口也成了秦國的，那麼人口優勢便不復存在了。而國家領土逐漸丟失，讓韓國的戰略縱深進一步縮小，千辛萬苦打造的新鄭防禦體系，面臨困局。

破城滅國，只是時間問題。

其他各國被滅起碼能掙扎一下，韓國連掙扎都沒機會，只能眼睜睜看著自己死去。

5

一個國家可以存在幾百年，但改變命運的機會，可能只有一、兩次，抓住機會龍飛九五，抓不住就徹底完了。

韓國唯一可以逆轉地理劣勢進而改變國運的機會，就是申不害變法。

結果由於路線選擇錯誤，韓國終究沒能強大起來，原有的國家優勢，也被秦國逐漸奪走。可見在國家轉型的關鍵時期，走什麼樣的道路，決定了什麼樣的結局。

商鞅變法在改造國家的同時，照顧了大臣、貴族和人民的利益，形成舉國一致的利益共同體，這才是變法滾滾向前的最強動力。

申不害變法主張強人政治，幾乎沒什麼受益者，一旦強人退去，國家富強的成果也付諸東流。

對比秦國和韓國的國運，其實就像孟子說的兩段話：

天時不如地利，地利不如人和。

得道者多助，失道者寡助。寡助之至，親戚畔（叛）之。多助之至，天下順之。

項羽的絕境與抉擇

1

西元前二〇二年，縱橫天下無敵手的項羽，被漢軍包圍在垓下，面臨缺兵少糧的絕境。彷彿等著看項羽的笑話一樣，漢軍設下「四面楚歌」之計，也就是讓包圍項羽的漢軍連夜高唱楚歌。項羽誤以為楚國都被漢軍占領，害怕繼續固守陣地，會被漢軍全殲，便帶領八百多人趁夜色突圍。

在咸陽分封諸侯的時候，項羽肯定沒有想到，自己居然有倉皇逃命的一天，身後數十萬漢軍的統帥，就是曾經坐在主席臺下鼓掌的劉邦。逃命路上的項羽在想什麼，沒人知道，但是換位思考一下，大概是：命運啊，太喜歡捉弄人了。

跑路到天明，項羽周圍只剩下百餘人，而死死咬住項羽不放的，是賣布出身的灌嬰，以及灌嬰率領的五千騎兵。隨後項羽分兵，三戰三勝，殺近百人，項羽只為證明是天要亡他，而不是自己軍事能力的問題。

突圍到烏江邊，烏江亭長勸他：「江東雖然小，但也有千里土地，數十萬人口，足以稱王立國了，您趕緊過江吧。」

項羽不願意過江。

當初和八千江東子弟去打天下，現在江東子弟都死在外面了，只有自己一個人回去，太羞恥了。即便江東父老承認項羽是王，他也不好意思發號施令。於是項羽在烏江自刎而死，五名漢將瓜分了項羽的屍體，然後以此為憑證，都被劉邦冊封為侯。

千軍辟易的西楚霸王，就此煙消雲散。

項羽死了，但人間依然有他的傳說，後世無數人在幻想，如果項羽聽了烏江亭長的話，到江東繼續稱王，天下是否會不一樣？

一千年後的唐朝詩人杜牧，赴任池州刺史的時候路過烏江亭，寫了一首詩：

> 勝敗兵家事不期，包羞忍恥是男兒。
> 江東子弟多才俊，捲土重來未可知。

再過幾百年，金兵入侵宋朝，才女李清照南下路過烏江，也感嘆項羽自刎的悲壯，寫了一首絕句：

> 生當作人傑，死亦爲鬼雄。

至今思項羽，不肯過江東。

不管他們的詩裡有什麼諷刺和暗示，起碼杜牧和李清照都心疼項羽，並且對項羽寄託了無限希望，認為他只要到了江東，翻盤的機會很大。

但問題是，項羽真的有機會翻盤嗎？

2

爭霸天下是要打仗的，而戰爭勝利的基本條件是經濟和人口。

如果經濟不發達，便不能保證軍隊的後勤，人口不多就沒有足夠的兵員，更缺少經濟生產需要的勞動力。所以在爭霸天下的路上，經濟和人口，往往比統帥的軍事能力更重要。

我們都知道項羽很能打，那麼江東的經濟和人口，能不能支撐起項羽的野心，讓他繼續稱霸甚至反攻？

秦漢的資料流傳下來的不多，現在很難找到具體資料，但我們可以用漢朝的資料參考一下。

《史記・貨殖列傳》裡記載：

> 楚越之地，地廣人希，飯稻羹魚，或火耕而水耨，果隋蠃蛤，不待賈而足，地勢饒食，無饑饉之患，以故呰窳偷生，無積聚而多貧。是故江淮以南，無凍餓之人，亦無千金之家。

意思就是，江淮以南的千里土地上，地廣人稀，農業生產仍為刀耕火種的方式，糧食產量非常低下。如果糧食不夠吃，人們就去摘果子、捕魚，反正遍地都是。

所以，江淮以南基本餓不死人，但是想大富大貴也很難。

整體來說，經濟條件一般，人們沒什麼奮鬥意志，如果不是亂世爭雄，大部分人都過著歲月靜好的生活。

黃河流域的經濟就不一樣了，可以說是財富匯聚的重地。

《史記・貨殖列傳》裡說了：

> 「關中……膏壤沃野千里……巴蜀亦沃野……關中之地，於天下三分之一，而人眾不過什三，然量其富，什居其六。」
>
> 「（燕）魚鹽棗栗之饒。」
>
> 「鄒魯……頗有桑麻之業。」
>
> 「齊帶山海，膏壤千里，宜桑麻，人民多文彩布帛魚鹽。」

這些話的意思更簡單了，雖然關中只有天下三分之一的土地，人口也只有百分之三十，經濟總量卻占漢朝的百分之六十。而四川、遼東、山東和河北等地，都有各地特色產業，足以支撐起地方經濟。

換句話說，整個黃河流域的經濟總量，幾乎占到漢朝的百分之八十以上。司馬遷寫《史記》是在漢武帝年間，距離項羽自刎大約七、八十年，在二千二百年前「車馬慢」的年代，七、八十年的時間，根本不可能出現經濟重心轉移的變化。所以在項羽自刎烏江的時候，江東和中原的經濟比例，和司馬遷的記載大致吻合。

雖然經過多年戰爭，中原經濟受到嚴重的打擊，漢初君臣都湊不出顏色一樣的四匹馬，但是地區的經濟比例不會變。

劉邦在戰場上輸了一次又一次，回關中晃悠一圈，就能滿血復活，把糧食和衣服發給軍隊，繼續和項羽死拚到底。而根據地在東部的項羽輸了一次，就被逼入絕境，除了被人說爛的用人和手段以外，背後最重要的原因便是地域經濟太差。

如果項羽到了江東，以不到天下百分之二十的經濟總量，怎麼和佔有百分之八十經濟總量的劉邦對抗？哪怕直接封鎖大江，也能把項羽困死。

然後再來說人口。

江東有多少人口呢，烏江亭長都說了——數十萬。單從數字來說，幾十萬人口不少了，足夠稱霸一方了，但把這個數字放到整個中國，遠遠不夠。

秦朝滅亡前有二千多萬人口，經過八年戰爭摧殘，按照「戶口減半」的說法，再加上躲避戰爭逃亡到山林裡的黑戶，漢初人口保守估計有一千萬到一千五百萬。

數十萬人口的江東，動員力發揮到極限，能招募十萬軍隊差不多了吧？但是擁有千萬人口的劉邦，開足馬力動員參軍的話，招募幾十萬軍隊幾乎沒什麼問題，畢竟有六百萬人口的秦國，兵力極限是六十萬，那麼「漢承秦制」的漢朝，軍隊規模只會比秦國大。

而且漢朝還有足夠的人口投入農業生產，項羽招募十萬大軍，很可能面臨經濟供應中斷的困境。

項羽的軍事能力再強，士兵死一個就少一個，完全扛不住人口消耗戰啊。

回顧楚漢戰爭，每次劉邦輸得啥都不剩，蕭何就在關中招兵送到前線，讓劉邦重新和項羽對陣。劉邦正是用消耗戰活活把項羽給耗死的。

事實上，人口始終是割據江東的天花板。

經過漢朝四百年的穩定發展，到了一四〇年，揚州六郡共有人口四百三十萬，荊州七郡有人口六百二十萬。此後以荊揚為基本盤的東吳政權，幾乎沒有和曹操正面對抗的實力，必須和占據益州的蜀漢結盟，才能勉強維持三足鼎立的局面。

蜀漢更不用說了，諸葛丞相北伐，從來沒領過十萬以上的軍隊，而且經常因缺糧返回成都，導致北伐功敗垂成。因為蜀漢政權的人口，只有不到百萬。

如果說地區經濟決定了政權的下限，那麼人口則決定了政權的上限，一個國家沒有人口和經濟，任憑領袖的計謀和政策多麼宏偉，也只能發出「天不助我」的嘆息。

3

根據前文的分析，我們可以斷定，項羽到了江東，幾乎沒有機會翻盤。

他要是聽了烏江亭長的話，跑到江東做了幾十萬人的王，最大的可能是在劉邦的圍攻下，地盤越來越小，人口越來越少，日子過得一天不如一天。

為了穩定人心，項羽可能會扛起「反攻」的大旗，最開始還能籠絡人心，然而隨著戰場消耗和經濟困境，反攻的希望越來越渺茫，最終連項羽自己都不信了。然後他會回想起「西楚霸王」的光輝歲月，指揮千軍萬馬縱橫天下的意氣風發，以及鴻門宴上劉邦跪地求饒的姿態。

到那個時候，曾經的輝煌和現實的窘迫一對比，項羽恐怕更難受。

人不怕一無所有，就怕得到一切又全部失去，這種落差，足以讓一個人生不如死。

幸虧項羽在烏江自刎了，以最雄壯的姿態留在歷史的長河裡，也讓自己成為一個悲劇英雄。這才給後人留下幻想的空間，想像他渡過烏江會如何如何，可是如果項羽真的到了江東，恐怕杜牧和李清照就要吐槽了：

「你去江東幹啥，怎麼不趕緊自殺呢，了斷自己有那麼難嗎？呸，老賊。」

美人自古如名將，不許人間見白頭。只有悲劇的英雄，才是人們同情的英雄，要是英雄落幕了，各種雜七雜八的黑點就冒出來了，人們嫌棄都來不及，哪裡還有半點同情？

不禁讓人想到漢武帝和李夫人的故事。

李夫人是漢武帝的寵妃，病重快死的時候，漢武帝去寢宮看她，想和李夫人見最後一面。結果李夫人用被子蒙臉，死活不見漢武帝，說她長期病重面容憔悴，不想讓漢武帝看到。漢武帝說見我一面就賞妳千金，並且給妳的兄弟封官，李夫人還是不露臉，說封不封都隨你的便，反正我不見。

漢武帝無奈，拂袖而去。後來姐姐問李夫人，都到這種時候了，妳為什麼就不見面呢？惹怒陛下，還怎麼囑託後事？李夫人才說出原因：「以色事人者，色衰而愛弛，愛弛則恩絕。陛下此時來看我，無非是因為我的顏值高，現在長期病重，顏值已經不再，陛下看到會嫌棄我的。」

她是想把最美好的東西，永遠留在漢武帝的心裡，讓漢武帝回想起來都是幸福時刻，而不是人生最後的一張醜臉。

雖然故事不同，但結局類似，項羽和李夫人都是聰明人。

河西走廊與中國[2]地緣政治大戰略

1

歐亞大陸是典型的啞鈴格局，也就是說漢唐與羅馬等強國都在歐亞大陸的兩側，中亞地區雖然有貴霜、大食和奧斯曼帝國崛起，但始終不能長久。

原因便是歐亞大陸的兩側是角地，國家崛起之後，不必擔心敵人從四面入侵，只要專心對付一面的敵人就行。中亞正好處於陸地中間，四周又沒有高山大川做保護，導致爭奪世界霸權的國家，都想來碰一下運氣。

於是中亞強國只有兩條出路，一是做世界強國爭霸的主戰場，一是做中間商，吃世界貿易的紅利，也就是利用歐亞大陸上的絲綢之路。

其實中國的地理環境也是這樣。能統一天下的政權，往往是在四個角地崛起的，比如關中的劉邦和李淵、長三角的朱元璋、遼東的努爾哈赤。那些在中原「四戰之地」混飯的

2 本章中的「中國」概念與現通行的「中國」概念不同。

政權如曹操、朱溫，總是打得非常艱難，不是在滅火，就是在趕去滅火的路上。

但中國和歐洲有一點不同的地方。

歐洲進入中亞地區，沒有特別殘酷的地理環境阻攔，只要實力足夠，便能組織軍隊一路向東征伐，直到實力消耗殆盡為止。而中國的地理環境太特殊了，四百毫米等降水量線以南是農耕區，也是中國數千年的基本盤。四百毫米等降水量線以北，則是內蒙古高原和青藏高原。這兩個地方現在開車去都費勁，更別說「出門基本靠走」的古代了。

內蒙古高原和青藏高原是獨立地理單元，徹底把中國和其他國家隔離，導致中國不知道世界有多大，世界各國也不知道中國的存在。

以前網上有個話題很熱門：「亞歷山大帶著幾萬部隊從馬其頓出發，十二年時間便橫掃中亞，直到擊敗印度才返回故鄉。如果亞歷山大不返回，能不能擊敗戰國諸侯，甚至統一中國？」

這個話題就很扯了，問題的關鍵不是擊敗戰國諸侯，而是亞歷山大來不了。他在印度望著白雪漫天的喜馬拉雅，可能以為到了世界的盡頭。即便他想嘗試一下，可能剛翻過雪山，隊伍就廢了，而前方還有數千里的牧區要走，能活著吃到秦國糙米就謝天謝地吧。

這樣的地理環境決定了中國的命運。

在歐洲和中亞頻繁交流的時候，中國像一座孤島，被兩座高原封鎖在歐亞大陸的最東邊。中國想走出去和其他文明交流，唯一的通道，就是兩座高原之間的河西走廊。

只有穿越千里河西走廊，進入新疆，繼續向西翻越蔥嶺，才算走出地理封閉圈，和其他文明國家接軌。

太難了。

而兩大高原的包圍，對於農耕區的中原王朝來說，也是決定國運上限的天花板。因為在海洋時代來臨以前，中原的主要敵人是內蒙古高原的游牧民族，如匈奴、突厥、契丹、蒙古和女真。

他們知道，想占領文明根深蒂固的中原很難，便以騷擾搶劫為主，再加上逐水草而居的生活習慣，就會在內蒙古高原發展壯大之後，沿著草原繼續西進，把能占的地方都占了，很自然地就來到河西走廊。

河西走廊作為農耕區與內蒙古高原和青藏高原之間的唯一通道，最窄處只有幾公里，屬於易守難攻的兵家重鎮。游牧民族占領河西走廊，可以和羌人、藏人勾搭在一起，對中原王朝形成「C」形包圍圈。

這不就被徹底鎖死了嗎？

原本中原就處於地理封閉的環境，不容易和其他文明交流，現在連農耕區都出不去，被游牧民族聯盟堵在家門口猛錘，還有啥前途可言？結果就是中原王朝在農耕區「內卷」到死。

而且失去河西走廊，中原王朝會面臨無險可守的窘境，游牧民族的騎兵用幾天時間，就能突破防線進入關中，擾亂正常建設。

如果只想守住長城，往往連長城都守不住，唯有把邊境線推到極致，才有可能守住長城。於是那些雄才大略的人物形成一種共識：想守長城必須征服內蒙古高原，想征服內蒙古高原必須占領河西走廊，想長久占領河西走廊必須占領新疆。

也就是說，東北、內蒙古、新疆和西藏是中國的天然安全疆界，把這幾個地方占穩了，中國才有安全可言。缺了任何一塊，中國就面臨危險。這是一環扣一環的地緣戰略，不是人力能改變的，而這盤大棋的關鍵點就是河西走廊。

2

西漢初年，中國第一次面臨這樣的包圍圈。

秦始皇去世以後，中國爆發大規模的農民起義，秦國朝廷為了鎮壓農民起義，便把駐紮在河套的秦軍調回來，投入中原戰場。這支軍隊就是「北卻匈奴七百餘里」的雄師，蒙恬的老部隊，結果回到中原不僅沒出什麼成績，在鉅鹿之戰被項羽滅了，反而造成長城防線空虛，一個能打的都沒有。

匈奴的冒頓單于發現機會，悄悄派兵南下，占領了河套地區，在中原的頭上懸了一把刀子。

而在占領河套地區的同時，匈奴還在另外兩條戰線出擊。當時的東北是東胡的地盤，實力非常強大，看不起同樣是羊倌的匈奴，經常去敲詐勒索。東胡要黃金珠寶，匈奴給了，要女人也給了，後來東胡覺得匈奴不過如此，那就要點土地吧。匈奴的冒頓單于怒了，祖宗的土地怎麼能給人呢？辦他。於是趁東胡大意的時候，一戰奪取東北土地。東胡覥著個臉說：「我大意了啊，沒有閃，匈奴不講武德。」

奪走東北之後，匈奴揮兵西進。

河西走廊生活的是一群吐火羅人，屬於印歐語系的白種人，黃頭髮、藍眼睛、高鼻梁，和現在的歐洲白人同種同源。他們操著一口吐火羅語，被國學大師季羨林研究了一輩子。也就是說，白種人在二千年前就遷徙到了中國境內。

吐火羅人在西域建立了庫車、龜茲、于闐等國家，河西走廊上則是烏孫和大月氏部落。後來大月氏趕走烏孫，匈奴又驅逐大月氏，河西走廊成了匈奴的地盤，一個「C」形包圍圈形成了。

到漢武帝做皇帝的時候，中國被匈奴壓得喘不過氣來，漢武帝不能忍，聽說大月氏和匈奴有仇，便讓張騫帶領使團去搞外交工作，想要說服大月氏，聯合起來夾擊匈奴。

這是中國第一次站在世界舞臺上，施展合縱連橫的外交手段。

張騫出使十三年，發現不得了。這個世界太大了，中國以為的「天下」不過是角落而已，在長安以西是千里河西走廊，再往西走，是遍布數十個國家的西域，翻越蔥嶺還有更大的天地。

征服匈奴的關鍵，便是那條細長的河西走廊。

十三年後，張騫穿著破衣爛衫回到長安，把所見所聞告訴漢武帝。漢武帝是多麼厲害的戰略大師啊，一聽就明白了：「這塊地方，咱們得占了。」西元前一二一年，漢武帝任命霍去病為驃騎將軍，一年兩次掃蕩河西走廊的匈奴部落，匈奴的渾邪王和休屠王抵抗不住，乾脆投降了。

漢武帝把四萬匈奴人安置在隴西、北地、上郡、朔方和雲中，也就是陝甘和山西北部，想讓匈奴和漢族融合起來；並且在河西走廊陸續設立四個郡。

酒泉郡，以「城下有泉，其水若酒」命名；張掖郡，張中國之掖，斷匈奴之臂；敦煌郡，以「廣開西域，故而大盛」為名；武威郡，彰顯武功軍威。

這四個郡的名字都很好聽，寓意也很美，為了不辜負美麗的名字，漢武帝動員了八萬人移民河西走廊，把游牧區變成農牧混合區。

種地，是中國人的一種天賦，如果在什麼地方開始種地，那就表示不準備走了。也正是從漢武帝以後，河西走廊成為中國不可分割的一部分，並且和西域聯繫起來，徹底斷掉匈奴的大後方，讓他們只能在內蒙古高原困死，最後臣服於中國。

西元前一一九年，衛青和霍去病在這樣的基礎上，各率五萬騎兵北伐匈奴，衛青全殲匈奴單于主力部隊，霍去病則飲馬瀚海、封狼居胥。

至此，中國海闊天空。

不過擊敗匈奴，只是打破了「C」形包圍圈，想走出歐亞大陸的地理封鎖，還要征服西域才行，如果中國沒有進入西域，怎麼能和歐亞大陸的其他文明接頭？

西元前一〇四年，漢武帝任命李廣利為貳師將軍，統帥六千匈奴騎兵、數萬惡少年出敦煌，討伐有汗血寶馬的大宛。大宛在蔥嶺附近，而在敦煌和大宛之間，則是沒有徹底臣服的西域國家。那麼在李廣利征伐大宛的時候，西域國家怕不怕？

怕就對了。

漢武帝的目的就是通過征伐大宛的軍事行動，順便威懾西域其他國家，最後把西域徹底收入囊中。征伐大宛要汗血寶馬，只是名義而已，背後隱藏著漢武帝的中國地緣大戰略。

李廣利接到命令，帶著部隊出發了，結果西域國家都堅守城門，不給糧食，李廣利的部隊沒到大宛，就只剩下幾千人。稍微打了一下郁成，發現打不過，就返回敦煌，還上書漢武帝：「沒糧食，兵少，根本打不過，要不就算了吧？」

漢武帝都氣得吐血了。

你連大宛都打不下來，豈不是讓西域國家看笑話，讓他們說「不過如此」，那還怎麼征服西域？要是沒有西域的話，一不能把漢文明推向四海，二要重新面對匈奴征服西域的危險。這些話我不能明說，你不會自己悟啊？

事到如今，漢武帝也不能隱藏真實意圖了：「宛小國而不能下，則大夏之屬輕漢……為外國笑。」

隨後漢武帝命令封鎖玉門關，敢踏入玉門關一步者斬，並且在全國搜捕惡少年和騎兵，一年後在敦煌集結了六萬人、三萬匹馬、十萬頭牛，除此之外在河西走廊部署十八萬部隊，隨時準備支援。

漢武帝動員中國的戰爭潛力，就為了幾匹馬、出一口惡氣？誰信誰傻。

貳師將軍李廣利得到增援，重新出發了。西域國家看到出關的雄兵，徹底蒙了，這是以前的乞丐部隊嗎？先別管那麼多了，趕緊保命吧，於是「所至小國莫不迎，出食給軍」，彷彿簞食壺漿以迎王師的樣子。

三萬漢軍抵達大宛城下，先斷水源，圍困大宛城四十多天，城裡的大宛貴族受不了了，趕緊殺掉國王，送馬議和。李廣利和屬下商議，既然目的已經達到了，那就議和回家吧。

他們冊立親漢的新國王，帶著三千多匹汗血寶馬返回。

漢武帝非常高興，封李廣利為海西侯，封斬郁成王的趙弟為新時侯，二千石以上高官百餘人，千石以下千餘人。

漢武帝有高興的理由，因為經過四年的血戰，無數戰士出了玉門關就再也沒回來，卻換來中國戰略空間的擴張。

匈奴在草原孤單寂寞冷。

此後中國再也不擔心匈奴的威脅，更是用人力打通地理環境的封鎖，正式融入世界的進程中去。

中國猶如展翅的雄鷹，開始騰飛九天。

3

以後的二千年，河西走廊一次又一次決定了中國的命運。

唐朝以河西走廊為前進基地，反覆打破突厥的復辟陰謀，並且從甘肅和四川出擊，和青藏高原的吐蕃較量多年。出玉門關收復西域，更是牽制了突厥和吐蕃的力量，讓他們不能集中力量圍攻內地。

如果唐朝沒有河西走廊，也沒有收復西域，面對強大的突厥和吐蕃聯盟，恐怕連抬頭做人的勇氣都沒有。

而這也是北宋的困境。西夏在河西走廊，趙官家怎麼都打不過，被遼國和西夏聯手欺負了很多年。

隨後蒙古崛起，滅了金國、西夏、西遼、吐蕃和大理，形成以蒙古為核心的部族聯合政權，各部族緊緊團結在蒙古的周圍，對宋朝組成「C」形包圍圈。

這種地緣戰略，神仙來了也沒辦法。很多人用宋朝的戰勝率和釣魚城之戰為例，想證明宋朝還不錯，但戰術的勝利掩蓋不了戰略的失敗，整個國家都被蒙古包圍了，部隊再能打，又能堅持多久？

宋朝被滅國，很奇怪嗎？

其實明朝從某種程度上說，也是亡於游牧民族的「C」形包圍圈。

自從「土木堡之變」以後，明朝開始戰略收縮，再也沒有恢復漢唐榮耀的雄心。長城外的國土守不住就算了，保住中原就行。

明朝戰略收縮，長城外的游牧民族卻在到處串聯。萬曆初年，也就是張居正改革的年代，蒙古俺答汗和西藏取得聯繫，雙方到青海親切地交談。而遷徙到西域的準噶爾、和碩特、土爾扈特等漠西蒙古部落，和西藏的關係也特別親密。

後金政權崛起以後，於一六三二年收服漠南蒙古，皇太極加冕為蒙古大汗，兩年後漠西蒙古的總盟主固始汗派人出使東北，做了滿族政權的附庸。一六四五年，清朝剛定都北京不到半年，已經占領西藏的固始汗，代表漠西蒙古和西藏歸順。兩大高原包圍中原的戰略，再次出現了。

可以說，清朝正式平定中原之前，草原大串聯就完成了，在戰略上包圍了明朝和李自成。游牧民族聯盟兩次入主中原，都是打通兩座高原，對中原農耕區進行戰略大包圍，讓中原王朝進入無險可守的窘境，最終亡國。

4

大自然給了我們「兩大高原夾農耕」的地理環境，歷朝歷代的經驗無不在證明，想保中原就必須和漢武帝一樣，控制住河西走廊。

從這個層面來說，中國要突破的不只是敵國封鎖，和歐亞大陸的地理格局較量，才是永恆的主題。

這是歐亞大陸的地理環境決定的中國命運。

開啟強國模式

1

《商君書・弱民》裡說：「民弱國強，國強民弱。故有道之國，務在弱民。」

數千年來，這句話都被人誤解了。

很多人以為，法家治國就是讓人民窮困，只有窮到衣不蔽體，才會死心塌地地依附國家，國家才能降低治理成本，減少人民造反的機率。

其實不是這樣的。

自商鞅變法以來，歷朝歷代奉行「大政府，小民間」的治理模式，以及由此形成的二元制國家動員方式，「二元」指管理一切的政府和不能團結的人民。

而要做到「大政府，小民間」，必須抽掉政府和人民之間的豪強。豪強就是地方貴族、士紳、黑幫等政府之外的力量，他們有錢有勢，隨時可以把散亂的人民組織起來，不論是抗稅還是造反，都能和政府對著幹。

當抽掉這些地方豪強以後，散亂的人民便不可能自發組織起來，也就沒有能力違反政府命令，政府的動員能力能達到最大化。

這也是國強民弱的精髓。

所謂弱民，削弱的不是普通勞動人民，而是可以在中間吸血的豪強。所以豪強勢力不強的時代，政府戰鬥力往往是最強的。

比如秦皇漢武執政的時候，經常動員幾十萬大軍南征北戰，滅了六國、伐匈奴，打下二千年中國的基本盤。而且在打仗的過程中，還有修水利、移民屯田、運糧草、建宮殿等大工程，這都沒把國家搞散架，靠的就是這種「大政府，小民間」模式。

反過來看，有豪強在中間食利的西晉和北宋，政府的戰鬥力就弱得一塌糊塗，別說大國盛世了，差點連命都沒保住。因為這兩個朝代的治理模式成了「小政府，大民間」，這裡的民間還不是普通勞動人民，而是地方豪強。

把零散的個體有序地納入政府組織中，就是秦漢帝國戰鬥力的來源。

做個類比的話，秦、漢是根鬚深入地下數十公尺的大樹，晉、宋就是隨風倒的蒲公英。

把這種團隊建設方式用在現代公司，就是砍掉複雜的組織結構，裁撤職能重疊的部門，盡可能扁平化管理，董事會經過兩、三級部門，就能把指示直接下達到基層員工。

2

紮根基層只是大方向，想做成，需要極其強大的執行力，而執行力的保證是紀律。

很多人對紀律有一個誤解，覺得紀律就是命令。如果我是某個單位的領導，那就命令所有人做這做那，反正他們也不敢反抗，於是紀律就有了。

如果紀律是從職位而來，那麼春秋時代的周天子、戰國時期的關東六國合縱長，應該是最有權力的人。可是我們都知道，在周天子和合縱長的麾下，根本沒有任何紀律可言。

其實紀律來自服從，而服從來自信仰和權威。

信仰很好理解。

從大處說，是描繪一個美好的願景，號召大家為了美好未來向前衝，大家感覺未來如此美妙，為了成功讓願景落地，心甘情願聽命令。從小處說，就是個人有巨大的上升空間，只要跟著組織和團隊向前走，遲早能過上好日子。

於是紀律就產生了。

劉邦團隊是這方面的典型。

剛起兵的時候，劉邦為團隊打造的願景是伐無道、誅暴秦，號召大家不要想別的事情，專門以討伐秦國為目標。反正天下苦秦久矣，劉邦說伐秦就伐秦唄，不僅為天下人民除害，還能在伐秦的過程中建功立業，何樂而不為？

僅僅三年後，劉邦進入關中成為漢王，麾下功臣也封為列侯將相，皆大歡喜。

既然目標完成了，接下來該怎麼辦？

劉邦再度為團隊描繪了新的願景——打敗項羽得天下。

本來大家已經有點惰性了，開始搜刮財寶、美人，準備過幾天好日子，現在劉邦說要得天下，大家就不睏了。這事要是不積極，還能辦成嗎？再過四年，劉邦會聚諸侯在垓下滅項羽，登上大漢皇帝的寶座，團隊成員也水漲船高，成為大漢的開國功臣。

此時距離起兵也不過短短七年。

是不是感覺很魔幻？

漢初開國功臣也是一樣的。短短七年時間，蕭何從縣吏成了相國、曹參從獄警成了平陽侯……個人空間得到大幅提升，人民公敵暴秦也誅滅了，人生至此還有什麼追求呢？

所以從起兵到開國，劉邦團隊的紀律都不錯，也可以說，他們的信仰都實現了。

如果說信仰是紀律的上限，那麼權威就是紀律的下限。

所謂權威，也就是恐懼。我們用朱元璋來舉個例子。

早年間朱元璋造反的時候，團隊裡幾乎沒什麼紀律，將領們搶劫、殺人、強姦，類似暴行比比皆是，朱元璋沒其他辦法，只能用嚴厲執法來打造紀律。

剛進南京城，將領們看到城裡的女人，按捺不住內心的小火苗，但是朱元璋說了，敢違反法令者斬。

畢竟朱元璋是元帥，命令還是要聽的，算了。

後來將軍胡大海領兵在外，兒子在城裡犯法，朱元璋想拉出去斬首，周圍的人都在勸，胡大海還在外打仗，您在城裡殺他的兒子，豈不是逼胡大海投敵？

朱元璋也很硬氣，就算胡大海投敵叛國，也要維護紀律，果斷殺了胡大海的兒子。

結果多年下來，大家形成一個共識，原來紅線一點都不能碰，違法亂紀的事一件都不能做，要不然朱元璋真的敢殺人。

朱元璋的權威樹立了起來，團隊也有了紀律。

其實說到底，紀律的作用在於，把基層組織起來的力量凝聚在一起，不至於氾濫成災，最終瞄準一個目標狠狠打出去。

如果說信仰讓人不想伸手，那麼權威就是讓人不敢伸手，上限和下限兩手抓，兩手都要硬。

3

我們之前說的都是如何打造團隊，但是想打造這麼強大的團隊，還需要殘酷的環境。

因為進步的動力，永遠來自外部壓力。

比如秦國會下定決心變法，原因是國力孱弱，滅亡在即，如果不下定決心進步求生，大家都要做亡國奴，到時候想好死都難。嚴酷的外部壓力倒逼秦國，這才有了比關東六國更徹底的變法，以及橫掃六合的大秦帝國。

又比如漢末以後幾百年的關隴集團就沒團結過，動不動就被曹操之類的軍閥占領，以至於關隴士族在朝廷也沒什麼地位，畢竟打敗仗了嘛，哪來的話語權？

到宇文泰割據關隴的時候，由於實力弱小，又和關東的高歡合不來，每天擔心高歡揮師西進，關隴士族才團結在宇文泰周圍，改革了一系列內政，扛住高歡的數次討伐。關隴士族之間也互相聯姻，資源和利益互換，完成深度捆綁，形成開創隋唐帝國的「關隴門閥」。

有了這兩項成就，才有了煊赫數百年的隋唐帝國。

在求生存的過程中，國家執政團隊不僅要戰勝強大的敵人，還要戰勝內部的叛徒、投機者、不同思想派系。他們必須改掉各種不合時宜的毛病，並且隨時優化組織結構。

這就像一個沒心沒肺的學生，走入社會以後被殘酷「暴打」，才會放棄對愛情的幻想、對青春的回憶，狠下心來學習各種技能，玩命找各種門路賺錢。當他登上人生巔峰的時候，已經是一個感情淡漠的人了，但是他換來了強大的戰鬥力。

大家可以觀察一下，那些歷經苦難成長起來的人和組織，生命力往往特別強，如果在成功之後依然能戰勝不同的挑戰，差不多就要成精了。

反而是那些「出道即巔峰」的，往往後勁不足，因為他們的戰鬥技巧和組織結構，根本沒有經過殘酷考驗，遇到問題他們也不知道該怎麼辦，甚至失敗了也不知道問題出在哪裡。

說不定什麼時候遇到黑天鵝，就嘩啦啦地垮掉了。

所以說，政治永遠起於邊塞苦寒之地，壯大於刀光劍影之中。能吃多大的苦，就能享受多大的榮耀。

《孟子》裡說「入則無法家拂士，出則無敵國外患者，國恆亡」，其實就是這個道理。生於憂患，死於安樂。

秦始皇的仁政

1

說起秦國和秦始皇，大家能想到什麼？以下幾種觀點恐怕是不可避免的。

秦國發動統一戰爭殺死百萬人，太暴虐。

歌頌戰爭是不尊重生命。

歌頌秦始皇是跪舔權力。

法家治下的秦國沒有人性和自由。

暴秦只有集體，不尊重個體。

這些都沒錯，也符合真實的歷史基調，但秦國是第一個大一統王朝，秦始皇是第一個統一中國的皇帝，恐怕不是幾種簡單的觀點就能蓋棺定論的。作為《史記》重點著墨的部分，我們有必要來分析一下，如何看待秦國和秦始皇的問題。

秦國到底是不是殺了很多人？

是的。

戰國時期的秦國就有虎狼之稱，每次戰爭都以斬首數量論軍功，也就是砍下敵人的頭帶回去，甚至到了漢朝都是這樣，衛青、霍去病能封侯，主要是斬首和俘虜多，而李廣到死不封侯，也是因為損失的漢軍多於斬首、俘虜的匈奴人。

這種制度必然是要殺人的，據梁啟超考證，白起指揮軍隊殺了近百萬人。

那秦始皇和秦國值不值得歌頌呢？

值得。

單憑大一統的成就，說什麼都不為過吧。

這兩種觀點都是極端的，但可以同時存在。因為說秦國暴虐是站在個人立場上，要的是小民幸福。說秦國偉大是站在國家、民族的立場上，要的是大國尊嚴。

立場不同導致結論不同，其實還是「屁股決定腦袋」。

2

那到底怎麼評價戰爭和統一呢？

我找兩個觀點供大家參考一下。

其一出自《荀子・天論》：「天行有常，不為堯存，不為桀亡。」意思是世界自有運行的規律，該發生的事情總要發生，不管個人品行優秀的堯帝執政，還是惡貫滿盈的夏桀坐江山，都躲不過去。

秦始皇統一六國如此，楚漢爭霸戰爭也是如此，也就是說國內矛盾積累到某種程度，便會產生大規模的戰爭。等戰爭消耗了大量人力物力，人民都對戰爭感到疲乏和恐懼，便會產生嚴重的厭戰情緒，這時候就會產生停戰和統一的訴求。

秦始皇當時作為秦王，只不過是順其潮流，順應時代需求引導了戰爭的方向，如果時代沒有戰爭或停戰統一的訴求，僅憑一、兩個人，是不可能改變國家命運的。

秦始皇和六國人民阻擋不了統一的潮流，劉邦和項羽也阻擋不了秦末農民起義的進程。唯一的區別在於，遇上時代潮流蓬勃向前，怎麼做才能真正解決問題。

這也是要說的第二個觀點。

所謂仁政有兩種：一種是為人民的當前利益，是小仁政；另一種是為人民的長遠利益，是大仁政。那些目光長遠的領袖，一切工作的重點，都是圍繞大仁政進行的。

因為小仁政只能解決眼前的苦難，至於幾十年後的困難，小仁政是管不了的，只要活著的時候名利到手，足夠了。

比如按照小仁政的說法，秦始皇平定六國導致傷亡慘重，不如罷兵言和，七個國家共同過太平日子嘛。反正只要努力種田，不愁沒有一口飯吃。

但是我們都知道，小仁政不可能真正解決問題，用不了多久便會舊疾復發。

七國只要共同存在，戰爭便不可避免，而且經過休養生息，各國都積蓄了充足的國力，一旦再次爆發戰爭，只會比之前更猛烈，七國人民再次回到暗無天日的歲月。

所以小仁政看起來很美好，其實作用不大。

歷來大政治家解決問題，都是從問題的本源處下手，放棄眼前的利益，用幾十年的犧牲為未來打基礎，才能徹底剷除產生問題的土壤，保證以後再也沒有類似的問題出現。

比如秦始皇用十年征戰統一中國，大抵剷除了中國諸侯分裂的土壤，即便以後出現南北朝和五代十國，也是向統一演進的，而不是和春秋戰國一樣，諸侯間的離心力極大。

這些暫時做出犧牲，卻為長遠謀劃的大仁政，才是真正的仁政。

但是操刀大仁政的時候，必然造成非常大的犧牲，也會得罪無數失去利益的人，而這些人便是大仁政的潛在敵人，他們會在背後抹黑、謾罵和反撲。

為什麼秦始皇在譽滿天下的同時，卻又謗滿天下？原因就在這裡。

不做事永遠可以做好人，只要想做點事情，或多或少都要背鍋。

3

對於有血有肉的當代人來說，肯定是小仁政好啊，不管世界爛成什麼樣，千萬別影響我的小日子。可對於後代人來說，最希望前輩能多犧牲一點，好讓基礎更雄厚些。

小到家庭，大到國家民族，都是這個道理。

世界是平衡的，永遠不會厚此薄彼。

你想讓後代舒服一點，就要做好努力奮鬥的準備，你想自己舒服一點，就要有後代吃苦的心理準備。

平衡才是這個世界的運行規律。

現世安穩的小仁政是規律的陽光面，而犧牲奮鬥是規律的陰暗面，不論你歌頌還是謾罵，世界規律永遠不會照顧你的感受，它只會無情地運轉下去。如果能接受這麼想的話，你把世界當成一台電腦，運行規律當成沒有感情的電腦程式，其實也沒什麼問題。

我們只是渺小的個體，有自己的七情六欲，這都是正常的。但是千萬不要太以自我為中心，認為世界要圍著個人打轉，這就太「玻璃心」了。而這種「玻璃心」也是所謂文青的通病。

畢竟秦始皇是認清世界真相之後，寧願忍受孤獨和不被理解，也要行大仁政的人。而那些文青、儒生，則是自以為高高在上，追求現世安穩和小仁政的人。

他們從根上就不是同類人。

但是我覺得，我們個人即使不能改變世界，也應該走出自我的小圈子，瞭解一些殘酷的道理。

畢竟認清生活的真相之後依然熱愛生活，才是真正的英雄主義。

吳國「聖人」背後的凡心

1

這篇聊一個比較冷門的故事。

說這個故事冷門，是因為發生的年代非常久遠，而且記載在史書的冷門篇目裡，要是不仔細研究，一般人不會注意到。

但是這個冷門故事，背後卻有一條中國歷史脈絡，值得拿出來說一下。

三千年前的商朝末年，商朝依然如日中天，沒有絲毫亡國的跡象，天下諸侯的人生目標，還是做好商朝子民，沒事別給朝歌添亂。

周國是一個西陲小國，也沒有取而代之的心思，日子過得歲月靜好。

那時的周國君主是周太王，生了三個兒子：太伯、仲雍和季歷。和大部分年老的父親一樣，周太王特別喜歡小兒子季歷，愛屋及烏之下，連季歷的兒子姬昌也喜歡得不行。

看到這個名字，熟悉歷史的朋友大概就明白了，周太王的孫子姬昌，便是後來名震天下的周文王。

可是周太王不可能知道，未來的周國能開創八百年國運，那個粉雕玉琢的孫子，也會成為中國歷史上的聖人。

他只是因為喜歡季歷，順便喜歡姬昌，而喜歡姬昌導致他更喜歡季歷。

但是國家傳承不是財主家分家當，不能因為周太王喜歡季歷和姬昌，便繞過太伯和仲雍，直接把王位傳給小兒子一系。

那樣的話，嫡長子繼承制還要不要？兩個兒子會不會有意見？給後世君主留下不好的榜樣，造成傳位沒有章法怎麼辦？

這些都是很現實的問題。

周太王要一碗水端平，要不然這個家就散了，在家國一體的年代，王族爭位意味著國家崩盤。

但是很神奇的事情發生了，太伯和仲雍明白了周太王的心思，決定放棄王位的繼承權，跑到南方的蠻夷之地，白手起家，自力更生。

而且為了徹底斷絕父親的念想，兄弟二人「斷髮文（即紋）身」，隔空向周太王喊話：哪有紋身壯漢繼承王位的？您趕緊放棄我們倆，傳位給三弟吧。

周太王無奈，只好強忍巨大的悲痛，在去世前立三子季歷為接班人，隨後才有周文王姬昌、周武王姬發……

這事最神奇的地方在於，一個西陲大國的王位，哥兒倆說放棄就放棄了，根本沒有爭取一下的意思。周太王稍微流露出自己的心意，他們就直接放棄。

類似於現在市值百億的大公司，董事長的兩個兒子放棄股權和繼承權，讓親弟弟繼承董事長職位，自己跑去窮困不發達的邊境地區白手起家。

是不是不可思議？

後來的儒家士大夫們，紛紛寫文章誇獎太伯和仲雍，說他們高風亮節，簡直是堪比周文王的聖人啊。

這裡面肯定有父慈子孝、兄友弟恭的美德，但我們扒開美德的外衣，是不是可以思考一個問題：他們為什麼不在乎王位？

其實司馬遷已經透過記錄歷史，給出真正的答案了：太伯之奔荊蠻，自號句吳。荊蠻義之，從而歸之千餘家，立為吳太伯。

翻譯過來就是，太伯和仲雍跑到長江三角洲地區，創立了吳國。當時的長三角是蠻夷的地盤，他們聽說兄弟倆讓位的高風亮節，感到十分佩服，便有一千多家前來歸附，擁立太伯為真正的吳國國王。

這才是高風亮節背後的真相啊。

正因為可以隨便創立一個國家，他們才心甘情願地讓出一個國家，反正都是做國王，在哪裡做不一樣？

無非是強盛的程度不同罷了，但國王仍然是國王。

就像上文舉例的百億集團，兩個兒子放棄股權和繼承權，跑出去另立門戶，看起來是落魄了，但他們可以隨時創辦一個市值十億的公司。

那太伯和仲雍為什麼能在長三角立國？蠻夷為什麼會擁護他們？司馬遷說「蠻夷義之」，也就是蠻夷被他們的美德感動，哭著喊著要給自己找一個國王。

但問題是，有美德的人太多了，不止太伯和仲雍啊，隨便在田間地頭走一圈，就能見到父慈子孝的感人場面，蠻夷為什麼不擁護其他人，偏偏擁護太伯和仲雍呢？

其實原因也簡單——太伯和仲雍是周太王的兒子，而周太王是黃帝的十六世孫、堯舜的大臣后稷之十二世孫。

換句話說，太伯和仲雍是黃帝的嫡系血脈，正經的名門貴族之後，在黃帝後裔才能做大國諸侯的夏、商、周時代，擁立太伯和仲雍這種黃帝血脈，才能得到中原諸侯的認可，進而加入中原主流文明圈子。

如果蠻夷擁立一個土著做王，那就只能遊走在中原文明的邊緣地帶，將來不是被滅國，就是被奴役，永遠不可能有什麼大發展。

對於太伯和仲雍讓位的事，我們可以這麼理解：他們為了成全父親的心意，便用血統、名聲和家族資源另起爐灶，創立了一個次於周國的小國。而長三角蠻夷算是借殼上市，以擁護太伯和仲雍的行動，正式加入中原主流文明圈。

事實上，以後的事情就是這樣發展的。

太伯死後，因為沒有兒子，便傳位給弟弟仲雍，然後又經歷了三代吳王，就遇上「武王伐紂」的歷史進程。等周武王的事業成功以後，開始大封家族成員為諸侯，拱衛周朝的家國天下。

周武王想起有兩個叔爺，當年離家出走，現在不知在哪裡，如果能找到叔爺的後代，也算比較親近的家族成員了。

於是周武王下命令，尋找太伯和仲雍的後代。不久後得到報告，長江附近有個吳國，國王正是仲雍的曾孫。

還說什麼呢，準備封你為諸侯，沒想到你已經成諸侯了，反倒省事了。

周武王趕緊頒布詔書，以周天子的名義冊封吳國為諸侯，正式成為周朝的一部分，而吳王周章的弟弟虞仲，被單獨拎出來，專門在山西為他建立了虞國。

經過百年時間，一家人重新在一起啦。

2

現在回頭來看「讓位」的美德，是不是沒那麼單純了？

其實這件事背後的根本原因是，太伯和仲雍有人生的選擇權。他們可以選擇和周太王硬拚到底奪取王位，也可以選擇放棄王位，另起爐灶。他們可以選擇做惡人，也可以選擇做聖人。

這種選擇權，才是聖人和美德的前提。人都是趨利避害的，既然可以用低成本獲取保底收益，又何必孤注一擲，搏一個未知的最高收益？

就像做選擇題一樣，其中一個選項是百分之百的機率得到一千萬，另一個是百分之五十的機率得到十億。

你會怎麼選？

恐怕大部分人會選擇一千萬的保底收益，而不是搏一搏，單車變摩托，賭十億的選項，畢竟有百分之五十的機率是一無所獲呢。

太伯和仲雍的人生選擇，其實就是如此。

那為什麼太伯和仲雍做出的人生選擇，會讓後人交口稱讚，甚至被奉為聖人呢？

因為後世的皇家子弟，已經沒有選擇權了，這種讓位的美德幾乎成了絕響。

秦始皇統一中國以後，廢除分封制度，從根源上杜絕了另立國家的可能，並且派出大軍南征北伐，打下前所未有的疆土。

北至長城、南到百越、東抵大海、西臨大漠，凡是在當時的交通條件下，中國人能到達的地方，都成了秦國的領土，再加上嚴格的戶籍管理制度，讓你想跑都不容易。

從那個時候起，所有人都只能在一個國家生活，「天外有天」只是理論上的說法，在現實中根本不可能實現。

當然了，統一對國家來說是好事。

但是對於皇族子弟來說，就不一定了，因為天下統一、天外無天，意味著他們失去了人生的選擇權。

那些皇族子弟不是一步登天繼承皇位，就是跪在兄弟的腳下，做一個順服的臣民，除此之外再沒有第三種選擇。

想和太伯、仲雍一樣跑路，別開玩笑了，天下都是皇帝的，又能跑到哪裡去？可能剛跑出都城，便被視為形跡可疑分子，被人舉報了，到時候被抓回去，就是藐視皇帝的重罪，輕則幽閉終生，重則一杯毒酒了此殘生。

要是遇到秦二世胡亥那樣的兄弟，不論兄弟的關係多近，全部送上刑場，連全屍都不留給你。

既然人生沒有選擇，皇族子弟就要開始爭奪皇位，有能力的拉幫結派，沒有能力的選擇抱大腿，以便將來有一口飯吃，不至於被關係不好的兄弟殺死。

也就是從那時候起，皇族內部的「兄友弟恭、父慈子孝」，基本上成了一句口號，可以騙父親，也可以騙兄弟，唯獨騙不了自己。

他們知道，要麼生，要麼死，就這麼簡單。

用時髦的話說，大一統讓皇族「內卷」了，而「內卷」的時代就是這麼殘酷。

把這個邏輯放到其他領域，不也一樣嗎？

國家在高速發展期，到處是創業公司，每家公司都需要大量人才。只要有能力，你在這家公司做得不開心，馬上就能跳槽到另一家公司。

等大浪淘沙的年代過去，市場上的公司結構大致穩定了，而且每家公司的人員結構也穩定了下來，你要是在一家公司已經做到某個職位，再想跳槽就難了。

畢竟一個蘿蔔一個坑，誰家都不缺人，你又能去哪裡？

既然跳槽難，那就只能卯足勁兒向上晉升，幾十個人打破頭搶一個職位。這種場景和皇族子弟爭皇位，又有什麼區別？

大家不是不想發揚美德做聖人，實在是環境太殘酷。對他們來說，做聖人的代價是死路一條，反倒是做惡人還有一線生機。

比起財富自由，這種人生選擇權才是最難得到的。

3

文人喜歡標榜道德，覺得只要自己的道德高尚，世界上什麼事情都可以解決，不會存在任何障礙。

如果解決不了，那一定是道德不夠高尚，不僅自己需要誠意正心修身齊家，還要教育廣大人民讀聖賢書，努力提高自己的道德標準。等所有人都接受王道教育以後，世界就會回到最原始、最美好的上古時代，人們就可以與世無爭地安享太平。

這套邏輯曾經在古代中國大行其道，被文人、士大夫們奉為治國綱領。

但他們沒有想到更深層次的邏輯。

上古美德有深刻的社會背景，當代的爭奪資源，也有不得已的苦衷。想把上古美德生搬硬套在當代現實身上，結果就是緣木求魚，苦了自己，也害了國家。

一代人有一代人的行為準則，適者才能生存，如果抱著「祖宗之法不可變」的心態闖蕩世界，遲早要出大問題。

因為道德和現實是兩碼事，尊重現實規律才能產生真道德，才能六億神州盡舜堯。

如果想讓虛無的道德締造沉甸甸的現實世界，那就只能產生滿口胡言的假道學先生。

這件事同樣沒有第三種選擇。

太伯和仲雍讓位的美德，只能產生於上古那種寬鬆的時代，正是因為尊重了現實規律，上古才產生了真道德。

那些文人用上古美德教育後世的皇族子弟，又有幾個人打心底相信，我應該這麼做？凡是照搬書本教條的人，墳頭草都有三公尺高了。

南北朝時的宋朝皇帝劉準，九歲時被權臣蕭道成擁立繼位，做了兩年傀儡皇帝，十一歲時被蕭道成的部將逼宮，要求禪位給蕭道成。

年幼的劉準說：「願生生世世不生帝王家。」可謂是字字泣血。隨後不到一個月，劉準死於丹陽宮。

這個時候想學聖人讓位，已經做不到了。

以前對劉準的臨終之言沒有太大感覺，認為是末代傀儡皇帝的可憐喟嘆，現在讀起來，反倒有些感同身受了。

天下

大千世界紛繁複雜，
如果不明所以，便始終做不到冷眼看世界。
但世界雜亂的表相之下，
隱藏著一些不為人知的歷史規律。
明白歷史規律，也就明白了世界的本質，
進而可以用歷史規律解釋很多事情。
這個世界從來沒有變過。

王朝的兩條權力線

1

司馬遷在《史記》裡講了兩個故事，都很有代表性。

第一個故事來自《晉世家》，說的是晉靈公驕橫淫逸，經常在天臺上用彈弓射路人，路人躲避不及，晉靈公就笑得合不攏嘴，和地主家的傻兒子一樣。

權臣趙盾勸晉靈公好好做個人吧，晉靈公不聽，反而請趙盾喝酒，準備讓刀斧手在酒席上做掉他。幸虧趙盾遇到幫忙攔住刀斧手的貴人，自己跑路了。趙盾拚命向國境線飛奔，想到國外尋求政治庇護，結果跑到半路，突然傳來消息：「別跑了，晉靈公死了。」

趙盾不敢相信：「怎麼死的？」

信使告訴他：「你弟弟趙穿殺的。」

趙盾鬆了一口氣，這下不用死了，回去繼續做執政權臣吧。但是等他回去才發現，晉國史官董狐已經寫下五個大字：「趙盾弒其君」，並且在朝堂上公布出來。

董狐的做法，相當於讓趙盾「社會性死亡」，對於執政權臣來說，這比殺了他都難受。

趙盾不甘心受輿論制裁，便在朝堂上說：「晉靈公是趙穿殺的，和我有什麼關係？」

董狐怒了：「你是晉國正卿，只要沒出國境，永遠是晉國的臣子，現在回來繼續執政卻不殺趙穿，豈不是和兇手穿一條褲子？」

趙盾無語，這口黑鍋算是背上了。

第二個故事來自《齊太公世家》，說的是齊莊公和權臣崔杼的老婆通姦，還順手拿了崔杼的帽子送給別人，這可缺大德了，等於明明白白告訴別人：「寡人能進崔杼的臥室，那是誰讓我進去的，你們猜？」

崔杼不能忍，請病假不上班。

齊莊公挺過分，假意上門慰問下屬，實際上想和崔杼的老婆逍遙快活，簡直是得寸進尺了，結果被崔杼的門客圍在院裡，殺了。對於這種人只能說：活該。

崔杼殺了齊莊公，終於和趙盾一樣，體會到什麼是「社會性死亡」。因為齊國史官也寫了五個字——崔杼弒莊公，並且告訴崔杼，我就要這麼寫，你改不了。

崔杼對史官的宣判非常不滿意，一刀砍死史官，找史官的弟弟重新寫，結果寫出來的還是「崔杼弒莊公」，崔杼再殺，找史官的三弟來寫。「史老三」正襟危坐，面對崔杼的大刀，在竹簡上寫了五個字：崔杼弒莊公。

這下崔杼也無奈，你們是真不怕死啊。

算啦，我認了。

一千七百年後，文天祥把兩個故事寫進《正氣歌》，並且凝練成兩句詩，「在齊太史簡，在晉董狐筆」。可見古代文人對董狐、齊太史的做法非常認同，認為每個有骨氣的文人，都應該不畏權貴秉筆直書，用文字引導輿論，對權貴進行審判。

那就有個問題：文人和史官為什麼不怕死，權貴為什麼對輿論宣判無可奈何？

其實這個問題很簡單，文人和權貴的背後，是兩條不同的權力體系，文人的背後是道統，權貴的背後是政統。

道統是國家的最高價值觀，政統是國家的最高世俗權力。

正因為掌握了國家最高價值觀的解釋權，文人史官才敢理直氣壯地說，權貴是糞土。而權貴要是敢越界篡改歷史，絕對要被其他文人口誅筆伐，即便罵不死你，也能把你氣出高血壓。

當然，董狐和齊太史的年代，並不知道什麼是道統，他們只知道自己作為史官，擁有「禮制」等價值觀的解釋權，可以褒貶權臣，寫什麼就是什麼。直到晚唐的時候，韓愈在《原道》裡提出「道統」的概念，並且為中國道統寫下家譜，也就是堯、舜、禹、湯到周文王、周武王、周公，最後傳到孔孟之手，核心就是仁義道德。

韓愈其實是把中國數千年祕而不宣的東西，全部提煉到儒家的框架裡，然後把中國的仁人志士都囊括進來，徹底意識形態化。

董狐、齊太史、司馬遷，自然是中國道統的一部分。

到了宋朝，朱熹在韓愈的基礎上進一步拓展，把中國道統的源頭上溯到伏羲和炎黃，並且讓程朱理學接了孟子的班，成為中國道統的正宗。

從此以後，一條文化傳承脈絡就固定下來了。

中國文人只要承認「仁義道德」，就是認可了中國道統，而道統也賦予他們價值觀的解釋權，可以理直氣壯的罵天罵地罵皇帝，卻不用承擔任何責任。

這種權力夠不夠大？

2

中國的道統和政統，也就是價值觀的解釋權和國家政權，原本是合二為一的。

上古的三皇五帝、堯、舜、禹、湯到周公，既是最高統治者，也是世俗社會的道德聖人，他們說什麼就是什麼，可謂是言出法隨，基本上沒人能對他們說三道四。

到了春秋戰國的時候，禮樂崩壞，國家的統治者只顧打仗占地盤，再也不能承載聖人的光環。於是道統從國家政權中分離出來，流落到民間文人的手裡，具體來說就是孔孟，以及繼承孔孟的儒家文人。

是的，儒家文人才是道統的繼承人，才有國家最高價值觀的解釋權，農民、工人、商人和皇帝都沒資格參與這件事。哪怕你富可敵國，哪怕你權傾天下，也只能在國家政權裡謀生，屬於政統的權力體系，道統和話語權是萬萬不能染指的。

這也是為什麼中國文人不在乎窮富，甚至標榜什麼君子固窮。因為有一套根深蒂固的權力體系，作為他們的精神家園，在這一畝三分地裡，文人就是沒有加冕的土皇帝，最可怕的是，國家政權默認了文人的獨特地位。

文人們即便不停往家裡撈錢，也能理直氣壯地說，我對錢沒有興趣，我從來沒碰過錢。哪怕是窮得叮噹響的酸秀才，照樣可以鄙視坐擁萬畝良田的土豪。是啊，我罵你就是代表聖人審判你，寫一篇文章就讓你遺臭萬年，你能奈何？

有資本就能挺直腰桿，不害怕就能理直氣壯。所謂文人風骨，其實都是這麼來的。

由於道統在手，古代文人有一種天然的道德優勢，他們可以隱居鄉野，不參與國家建設，但能議論國家大事，甚至為民請命，做一個沒有實權的山中宰相。他們也可以入仕做官，要求國家和人民，按照儒家的價值觀來做事，一旦越過紅線，文人們就能批評監督。

這就有了兩個結果。

其一是儒家文人高高在上，終極理想是做帝王師，用天然的價值觀解釋權，指揮帝王處理國家政務，間接讓國家按照他們的意志運轉。

其二是道統有權監督政統，也就是儒家文人可以監督、批評政府。在這種語境裡，罵政府和權貴就是政治正確。

比如白居易說「文章合為時而著，歌詩合為事而作」，然後寫了三十二首樂府詩，把大唐全方位無死角地噴了一遍。那首「可憐身上衣正單，心憂炭賤願天寒」的《賣炭翁》，就是白居易的代表作。

白居易當然是為人民說話，但反過來看，不也正是用道統批評政府嗎？誰敢說白居易做得不對？

可如果政府做了好事，絕大部分文人不會歌功頌德，而且要挑毛病說做得不夠好，哪裡還需要改正等。要是哪個文人為政府唱讚歌，雖然其他人嘴上不說什麼，難說心裡不開始鄙視了：原來是六扇門裡的朝廷鷹犬啊。

歸根結柢，政統掌握國家的世俗權力，負責國家的日常工作；道統掌握國家的隱性權力，屬於精神上的制衡，讓權貴們有所顧忌。

兩條權力線對立卻統一。

3

自從春秋戰國以後，道統和政統從來沒有真正融洽過。因為儒家文人想做帝王師，用價值觀的解釋權領導國家進程，而皇帝和國家政權卻想壓服文人，讓他們做皇權的馴順工具。

舉個典型的例子。

歷代王朝初期，開國君臣從屍山血海裡走出來，具有天然的權威，能把儒家文人收拾得服服貼貼。此時的國家政權非常穩固，皇帝說什麼是什麼，反對的聲音也有，不過沒什麼用，開國皇帝用一根小指頭，就能打倒儒家文人。

但是國家政權穩固的背後，便是文藝凋敝，包括繪畫、詩歌、文學以及哲學思想等，都沒有能拿得出手的傳世之作。大家仔細想想，漢初、宋初、明初有什麼非常優秀的文藝作品嗎？哪怕是唐詩，貞觀年間有不少優秀作品，可是和李隆基的盛唐相比，恐怕也要遜色不少。

原因就在於政統壓服道統，儒家文人的腰桿子被打折了，再也沒有罵天罵地的資本，也就創作不出優秀的作品。

而在王朝中後期，則是道統壓服政統。

因為在和平年代，開國君臣逐漸凋零，國家政權的戰爭權威也在褪色，而文人用知識做敲門磚，進入國家政權做官，逐漸替代了國家的「天然股東」。此消彼長，可不是儒家文人的話語權大了嘛，那些「仁義道德」的價值觀，又能用來領導皇帝和國家政權了。

正是從王朝中後期開始，傳世的詩歌、文學和繪畫，都從全國各地冒出來了。其中部分原因是經濟復甦，人民對文藝作品的需求增長，另一部分原因便是儒家文人沒有制衡，開始放飛自我了。

文藝這個東西，非常講究精神狀態。乞丐寫不出優秀的小說，忙碌的打工者沒心思聽音樂會，只有衣食無憂的富家子弟，才有閒工夫研究藝術。大家可以看看周圍從事藝術的人，幾乎沒有窮人家的孩子。

國家進程和個人命運，其實都一樣。

而且硬骨頭的名臣、諫臣，往往出現在王朝中後期，尤其是以「文人風骨」著稱的明朝，海瑞、楊漣等硬骨頭比比皆是，背後的邏輯便是道統逐漸占了上風。

要是在朱元璋的時代，海瑞有十個腦袋都不夠砍，大概剛出道就結束了。

到了王朝崩塌的亂世，文人徹底放飛自我，沒人管了。亂世豐富的素材，再加上寬鬆的環境，文人可以自由創作。比如春秋戰國的諸子百家、魏晉南北朝的王謝風流、宋朝的與士大夫共治天下，這些時期都可以號稱黃金年代。

總之政統壓服道統的時候，國家強盛，萬國來朝，人民的生活有安全感，代價就是活得不輕鬆。道統壓服政統的時候，人民活得輕鬆了，卻要面臨階級固化和剝削，而且國家也在走下坡路，說不定什麼時候亂世就來了。

這就是硬幣的正反面，不管怎麼選，都有利有弊。

中國自古的富強之道：重視農業

1

先來說重農。

「百代皆行秦政法」，就是說中國的政治基因，很多來自二千多年前的秦國。而秦國崛起又是從商鞅變法開始的，所以很多事情都要從商鞅變法裡找原因。

商鞅變法的核心之一，便是重農抑商。

商鞅的原話是：「國之所以興者，農戰也。」

倒不是商鞅有意貶低商業，他的意思是基於商業除了倒賣農產品賺取利潤以外，並不能為國家生產任何東西。

換句話說，商鞅的重農抑商是保護生產項目，打擊不從事生產、專門食利的行業。

這也是重農抑商的本質。

所以商鞅給了農民很多優惠政策，比如「僇力本業，耕織致粟帛多者，復其身」、「使民以粟出官爵」等。這些政策的意思就是，農民開墾的荒田多導致產出的糧食多，就可以免稅或者免除徭役，如果糧食多得吃不完，還能賣給國家換官職爵位。只要努力勞動生產，就有這麼多好處，誰不搶著幹？

所以秦國的農業生產水準，一年比一年高，到了秦始皇時期，秦國境內到處是萬石糧倉，甚至在咸陽有一座囤糧十萬石的糧倉，由此可見秦國的生產力多麼發達。幾十年後的司馬遷都說了，秦富天下十倍。

這一切成績，都是商鞅重視農業、保護生產的結果，如果不在政策上傾向生產性質的農業，任由農民跑去倒賣商品，秦國怎麼可能富裕？畢竟商業的本質不是生產，而是流通。你都沒有生產的東西，能流通什麼？

而重農和國家財政高度相關。

農業是有固定生產資料的，也就是在固定的土地上勞動，土地又歸國家管理，在沒有權貴大地主的時候，國家可以直接收稅，非常方便。即便農民不想交稅，又能跑到哪裡去？生產資料在這裡，跑得了和尚跑不了廟。

商人就不一樣了，他們沒有固定的生產資料，對國家不滿意的話，收拾家當就跑到其他國家去了，秦國還能跨國執法不成？

資本沒有祖國，說的就是沒有固定生產資料的資本，逃離非常容易，無非是換個「總部」的事，能費多大力氣？

既然資本可以隨時逃離秦國，那秦國的財政收入怎麼保證？當然很多商人是愛國的，但國家不能把財政收入寄託在虛無縹緲的人性上，相信商人是愛國的，也必須要有強硬的反制措施，讓商人不得不愛國，才是一條正路。

這也是商鞅重農的邏輯。

然後再來說抑商。

前些年有一種說法，中國幾千年重農抑商，扼殺了資本主義萌芽，古代政治家純粹腦子短路了。

其實這種說法是不對的。

古代中國肯定要重農，抑商卻不是徹底打擊商人，不允許存在任何商業活動。事實上，商業作為人類的正常行為，根本不可能徹底禁止。

中國的國土面積廣大，每個地方都有固定的產品，比如四川產竹子、山西出小米、河北有好馬等。但是每個地方的人，都不可能一輩子靠山吃山，靠水吃水。四川軍隊需要馬匹，河北和山西有時候也需要竹子，對吧。

這也從側面證明，市場是一定存在的。

那麼負責貨物交流的人，就是商人。哪怕商鞅變法是重農抑商，也必須保證商品流通啊，要不然整個國家就垮了。

司馬遷在《史記．貨殖列傳》裡說：「海內為一，開關梁，弛山澤之禁，是以富商大賈周流天下，交易之物莫不通，得其所欲……」而且商鞅自己都說了：「農、官、商三者，國之常食官也。農辟地，商致物，官法民。」也就是說，農民負責種田，商人負責流通商品，政府負責管理農商。

商鞅是冷酷的政治家，到底該如何治理國家，他心裡清楚得很。所以抑商不是徹底禁止商業，而是把不事生產的商業資本壓縮到可控的範圍內，只要能做到商品流通就行，讓商業資本不至於坐大以後和朝廷分庭抗禮。

抑商的本質就是抓大放小。

那些富可敵國的豪商，一定要用行政力量打下去，或者拆分成零散的小型商業資本。至於原本就是小商，風吹日曬賺些辛苦錢的，國家完全可以高抬貴手放一馬，甚至在國家急需用錢和物資的時候，還能順手扶持一把。

這些容易控制又能辦實事的小商人，才是國家的心頭好。

這是抑商的邏輯。

2

自從商鞅確定重農抑商的原則之後，重農抑商就成為中國的固定國策，經過二千多年的延續，已經是刻在骨子裡的東西了。中國歷代政治家都是人精，當然明白重農抑商對於國家來說，是一項非常好的政策。

重農自然不必說，民以食為天嘛，沒有了農業，萬事都沒有頭緒。而抑豪商，除了商人不事生產以外，背後還有這幾個原因。

其一是豪商和國家爭奪勞動力。

古代中國的勞動力主要是農民，他們負責國家唯一的生產專案，可以說農民的數量，是保證國家長治久安的根本。當豪商不用辛苦勞動，就能發家致富、花天酒地的時候，自然對從事生產的農民造成影響。

「這哥們兒耍耍嘴皮子，就能賺到我八輩子都賺不到的錢，不公平啊，乾脆我也不種地了，做生意去。」

當然，豪商能做大做強，有很多原因，天時地利人和缺一不可，農民扔下鋤頭去做生意，未必能有什麼成就。

但榜樣的力量是無窮的，如果越來越多的農民不種地了，學習豪商去做生意，那麼田地荒蕪是必然的結果。

這樣一來，國家直接掌控的人口便少了，以農業稅為主的財政收入也少了，最重要的是整個國家生產的東西少了。

越來越多的人不從事生產，說明物質財富總量沒有增長，而不從事生產、專門左手倒右手的豪商卻越賺越多，意味著豪商完成了財富轉移，導致國家出現嚴重的貧富分化。

每個精明的政治家都知道，民不患寡而患不均，一旦出現嚴重的貧富分化，國家就要亂了。

這種事國家能忍？

貧富分化又直接引出國家抑豪商的第二個原因——盤剝小民，轉嫁矛盾。一旦豪商坐大，帳戶裡有了海量的資金，當時又沒有可以持續擴大生產的工業，唯一的流向只能是兼併土地，把資本鎖死在土地上。於是占田幾萬甚至幾十萬畝的商業地主，在全國遍地開花。他們在商業的細分領域壟斷之後，又不自覺地聯合起來，壟斷了國家的土地資源。

從此以後，豪商們便成了坐地虎。

他們可以隨心所欲地抬高田租，而不必擔心佃戶不租，畢竟全國到處都是大地主，你還能跑到哪裡去？在哪裡都一樣嘛。

佃戶也沒辦法，只能忍受著高田租，辛苦工作一整年，不僅沒掙到什麼錢，反而要倒貼豪商一大筆，這日子就沒法過了。

而且豪商們在商業領域，也可以利用優勢地位，盤剝下游的小商人，比如壓低收貨價格、壟斷原材料提高成本之類的，總之就是兩頭吃。不僅要賺成本的錢，還要賺倒賣的錢。最後吃虧的，就是國家甚為倚重的小商人。

齊國的管仲把這種事叫作一國兩君，意思就是小民要給國家交稅服役，還得再受一次豪商的剝削，你體會一下這裡面的意思。

佃戶和小商吃虧之後，雖然也在背後罵豪商不做人事，但是在潛意識裡，他們最怨恨的還是國家。

中國是大一統國家，出了這種豪商欺負人的事，憑什麼不管？結果就是豪商得到全部利益，造成的所有傷害由國家來背鍋。

那國家也要說了，憑啥？

豪商敢殺人，我就敢誅心。

而在貧富分化和轉嫁矛盾以後，豪商會形成新的權力中心，這也是國家抑豪商的第三個原因。

因為在這個時候，農民和小商對國家非常不滿意，把一腔怨氣都撒在國家頭上，要不盼著改朝換代，要不想新君登基大赦天下，要不就希望有青天大老爺出來拯救黎民。總而言之，民心思變。

而那些遍布全國的豪商，便和官僚、貴族勾結在一起，組成國家體制外的新權力中心，並且利用手裡的資源進行投機活動。

誰讓豪商們有錢呢？做什麼事情都少不了錢的支持啊。

於是生猛如呂不韋，直接投資了秦國公子異人，用錢開路，幫他成為秦國太子安國君的嫡子。等異人登上秦王寶座以後，呂不韋一步登天，做到秦國丞相。如果不是禮樂崩壞的戰國亂世，呂不韋這樣的人，怎麼可能做丞相？做夢去吧。

到了漢末劉備起兵的時候，馬上得到中山豪商張世平、蘇雙投資的千金和寶馬，入主徐州以後，得到徐州豪商糜氏家族的投資，並且迎娶了糜家的女兒做夫人，完成利益捆綁。

所以當豪商和政治結合在一起的時候，貧富分化只會更嚴重，轉移矛盾只會更隱蔽，最終就是豪商掏空國家，人民和國家一起墮入萬丈深淵。

你說，豪商能不被抑嗎？

最關鍵的是，豪商賺錢的市場，原本就是國家的。

要知道，形成市場的必要條件是大量的人口、暢通的運輸道路、完善的基礎設施、高效率的政府，以及太平的國家環境。缺少任何一個，市場就建立不起來。

正是國家年復一年地投入資金和人力，才逐漸搭建起市場的架子，讓商人在這個市場裡互通有無，滿足人民的生活需求。現在豪商壟斷了市場，雖然也會繳稅給國家，但是和利潤相比，賦稅只是九牛一毛，大部分錢都進了豪商的私人帳戶。

那麼皇帝就要想了：「你們拿兩百萬，朕分一百萬，還要朕感謝你們嗎？鄢懋卿，冒青煙。[3]」

這是國家的初衷嗎？當然不是，自己搭建起來的市場卻不能掙大錢，換作你站在國家的位置，怎麼可能甘心？

3 編按：此指電視劇《大明王朝 1566》中明朝嘉靖皇帝的角色，在得知鄢懋卿奉旨航行運河巡鹽收來的錢，大半都入了鄢懋卿自己和大小閣老口袋裡後的怒斥。

這也是國家抑豪商的第四個原因：豪商和國家爭奪市場。於是漢武帝之後的皇帝，便會把鹽鐵納入官營，親自和豪商們爭奪市場。此外還要規定商人不能穿綾羅綢緞，並且在意識形態上貶低商人的人格。為國家做買賣的商人，不是真的商人，那是官員。只有私人性質的豪商，才是「重農抑商」裡的商。

畢竟國家在市場裡賺的錢，還是屬於國家的，想怎麼用就怎麼用，不僅可以繼續投資基礎設施建設，擴大市場規模，還能打造軍備，保家衛國。這種事，豪商是不可能做的。所以自漢朝起，鹽鐵官營便成為國家的重要政策，雖然偶爾要廢掉官營讓利於民，但每到國家財政緊張的時候，鹽鐵官營就成為必然的選擇。

3

「重農抑商」的國策，對於古代中國的長治久安，其實是有大功的。國家只有重視生產積累，才能不斷向前走，什麼時候以食利為生，就會製造一個巨大的泡沫，遲早把國家和人民都給吞沒了。

可惜二千年來，無數豪商不懂這個道理，前赴後繼地走向沒落，迎來衰敗凋敝的結局。後來的豪商依然不汲取教訓，繼續在這條路上狂奔，直到最後，已經悔之晚矣。

正所謂「秦人不暇自哀，而後人哀之。後人哀之而不鑑之，亦使後人而復哀後人也」。

《推恩令》：中國古代第一陽謀

1

《推恩令》是中國漢朝的一項政策。

劉邦稱帝建立漢朝的時候，由於八年戰爭造成的歷史原因，分封韓信、彭越等人為異姓諸侯王，雖然劉邦是漢朝皇帝，但論實際地位，其實就是諸侯總盟主。

接下來的八年時間，追隨劉邦打江山的諸侯不斷叛亂，已經黃土埋到脖子的劉邦，一直奔波在平叛的路上。經過多年血戰，劉邦大致平定叛亂，並且，封劉家的兄弟子侄為諸侯王，鎮守地方。

異姓王國，變成了同姓王國。

漢朝江山有了家族同盟軍，基本上沒有改朝換代的危險了。那些老戰友和功臣，面對遍布天下的劉家王爺，根本沒有抗衡的實力。但是對於長安的皇帝來說，同姓諸侯王可以保衛漢朝江山，也能帶兵入長安奪取皇位，哪怕他們對皇位不感興趣，只想做一個擁兵自重的王爺，皇帝也對他們沒辦法。

「寡人是高皇帝親自冊封的，而且有兵有錢，你能怎樣？」

如何削弱諸侯王國，保證朝廷能指揮地方，漢朝君臣思考了幾十年。

西元前一七四年，淮南王劉長叛亂失敗，天才少年賈誼給漢文帝寫了一道《治安策》，分析了削藩的方法：

> 欲天下之治安，莫若眾建諸侯而少其力。……割地定制，令齊、趙、楚各爲若干國，使悼惠王、幽王、元王之子孫畢以次各受祖之分地，地盡而止，及燕、梁他國皆然。……地制壹定，宗室子孫莫慮不王，下無倍畔（即背叛）之心，上無誅伐之志，故天下咸知陛下之仁。

賈誼的意思很明白，劉姓諸侯王的國土非常大，但是每個諸侯王都有很多兒子，對吧？那麼當諸侯王去世之後，可以由皇帝做主，把世襲封地平分給諸侯王的子孫。這樣一來，非常大的國家就被拆分成幾個小國，單獨拎出一個來，根本沒有能力和朝廷對抗。

皇帝也別擔心推行不下去，只要把推恩子孫作為固定政策，諸侯王的子孫一定會擁護的。

因為以前只有嫡長子能繼承完整的封地，其他兒子都是沒有繼承權的，什麼時候老父親死了，吃穿用度都要看大哥的臉色，堂堂劉姓血脈，論地位，可能連大哥的寵臣都不如，要多憋屈有多憋屈。

現在皇帝下達推恩的政策，也就給了其他兒子繼承封地的機會，誰不想做一個真正的土皇帝呢？

然而漢文帝看完《治安策》，輕輕放到一邊，沒有立即發布推恩的命令。原因很簡單，這是一道陽謀，目的便是拆分強大的諸侯國，諸侯王怎麼可能看不出來？現在地方封國的勢力強大，發現朝廷要割肉放血，還不起來造反？不推恩能勉強保持現狀，一旦推恩，天下立刻大亂。

漢文帝只能悄悄地做，卻不能明目張膽地說出來，而只要不是固定政策，這就是臨時處理方式，不至於讓諸侯國反感。

直到西元前一二七年，主父偃上書漢武帝：

> 今諸侯子弟或十數，而嫡嗣代立，餘雖骨肉，無尺寸地封，則仁孝之道不宣。願陛下令諸侯得推恩分子弟，以地侯之。彼人人喜得所願，上以德施，實分其國，不削而稍弱矣。

主父偃和賈誼的意思一樣，都是拆分諸侯國的土地，滿足諸侯王其他兒子的欲望，同時達到朝廷集權的目的。

漢朝進入漢武帝時代，經過數十年的實力積累，並且派衛青、霍去病北伐匈奴成功，朝廷的權威空前強大，有了正式削藩的能力。而諸侯國經過七國之亂和數十年的打壓，實力削弱得非常厲害。

於是漢武帝正式發布詔書：「諸侯王或欲推私恩分子弟邑者，令各條上，朕且臨定其號名。」意思就是：如果諸侯王想平均分配遺產，就趕緊報上來吧，朕一定滿足你們。一家人要永遠在一起嘛，千萬別客氣。

《推恩令》，正式推出。

2

仔細研究一下《推恩令》，就能發現背後的邏輯。

首先是擴大政治基礎。

在這個世界上，單槍匹馬的英雄永遠不是最後贏家，以武力稱雄的霸主一定會被武力反噬。因為政治是王道，滿足大多數人的利益，才能得到大多數人的擁護，而得到大多數人的擁護，才能成為最後的贏家。

那些孤家寡人看起來不可一世，其實就是無根的浮萍，稍微有一點風吹草動，就會迅速崩潰。

比如五代十國的節度使們，今天擁兵數十萬，攻入皇宮登基稱帝，明天就有可能遇到部下兵變，皇位還沒坐熱，就上了斷頭臺。趙匡胤從將領到皇帝，才用了幾天？

原因就在於，他們的政治基礎是軍隊，除此之外，沒有任何力量支持這個政權，一旦軍隊反叛，所謂的皇帝也就沒有可以借助的力量。這樣的政治基礎太薄弱了。

在《推恩令》發布之前，漢朝皇帝在諸侯國的政治基礎，也談不上多麼雄厚。畢竟在諸侯國的土地上，王才是真正的君主，這塊土地是人家的世襲遺產，所有人都是王的臣民。用西方的話說，附庸的附庸，不是我的附庸。諸侯國的臣民和皇帝之間，隔著一座大山，在精神上完全沒有交集嘛。

但是《推恩令》發布以後，諸侯王數量龐大的兒子們，為了得到土地和王位，本能地站在皇帝周圍，掉轉槍口反對自己的老父親：如果不給我分地，兒子就要造您老人家的反啦。

於是，皇帝在諸侯國有了盟友，擴大了政治基礎，真正實現把自己人搞得多多的。

放大到全國層面，就是國家政權多了一個支柱。

其次是釜底抽薪，挖敵人的牆腳。

原本除了嫡長子以外，諸侯王的其他兒子們都是「小透明」，只能團結在大哥的周圍，做些力所能及的小事，幫大哥的事業添磚加瓦。如果大哥不喜歡某個弟弟，一輩子不給他分配工作也沒人管。

現在朝廷發布《推恩令》，等於給了他們造反的權力。諸侯王要是不服，兒子們便可以借朝廷的威力，甚至和朝廷裡應外合，把獨佔權力的諸侯王拉下馬，再踩上一萬腳。為諸侯王樹立了反對派，相當於挖了諸侯王的牆腳，也就實現了把敵人搞得少少的。最重要的是，所有人都沒法拒絕《推恩令》。

漢朝以孝治天下，背後的根本目的是家庭和諧，只有數百萬家庭都和諧了，由家庭組成的國家才能和諧。

《推恩令》的底層邏輯也是孝道，主父偃都說了，骨肉無尺寸地封，則仁孝之道不宣。如果諸侯王敢反對《推恩令》，便是不關心兒子或者兄弟的死活，其他庶子反對《推恩令》，就是專門破壞和諧家庭。

這些都是違背漢朝治國基本法的，到底是多大的罪名，各位都心裡有數吧？其背後的根本邏輯，便是國家成立、發展、延續的法理依據。

你說，誰能拒絕《推恩令》？

於是在《推恩令》發布不久，效果就出來了。

漢武帝的哥哥河間王劉德，已經去世四年，留下十七個兒子，除了嫡長子劉不害繼位以外，其他兒子都碌碌無為。西元前一二六年到前一二五年，漢武帝心疼侄子們，陸續封了十一人為侯，讓他們有一塊封地和收入，保留皇家的體面和尊嚴。於是，以前占地廣大的河間王國，被拆分成零零碎碎的十二個國家。

那十一個侯國，其實分別就是一個縣的規模，造反是不敢想像的，而且這些諸侯王還要對漢武帝感激涕零。這些侯國再向下分封，子孫後代的地盤就更小了。

漢武帝的另一個哥哥是中山靖王劉勝，此人有一百二十多個兒子，因《推恩令》得到封地的有二十多個兒子，一路封到二百六十年後，中山靖王的一個後代在涿郡賣草鞋，此後為復興漢室江山奮鬥大半輩子，那個人叫作劉備。

給你一個耳光，你還得說謝謝，《推恩令》就是這麼豪橫。

3

《推恩令》絕不是簡單的削藩政策，而是放之四海而皆準的陽謀，也可以說是成功方法論。

按照這個邏輯類推，凡是滿足大多數人的利益、不斷擴大政治基礎、把自己人搞得多多的之類行為，其實都是翻版的《推恩令》，無非名稱不同而已。

總而言之，團結一切可以團結的力量。

漢武帝只是滿足了諸侯王子弟的利益，政治基礎就足夠雄厚了。

我們按照這個方法論去做事，團結一切可以團結的力量，也可以起到同樣的效果。升職加薪、事業有成只是入門標配，用得好，說不定能改變命運呢。

六國眼中的秦國

1

要說中國古典文學中最激動人心的故事，「反抗」肯定是其中之一，四大名著中幾乎都有「反抗」的內容。

比如《水滸傳》最精彩的前半段，不堪忍受黑暗世道的豪傑們，聚義梁山，武裝反抗趙官家。《西遊記》裡的孫悟空，直接說「皇帝輪流做，明年到我家」，並且威脅天上的神仙，要是不讓出天宮，定要攪得永不清平。

如果要給「反抗」立一個具體標準，應該是弱者不屈服於強者的淫威，或者不甘心命運的不公，而以一己之力逆天改命的行為。

簡直太熱血了。

從這個標準來說，孫悟空和梁山好漢是個人反抗世道，中國近代的不屈抗爭是弱國反抗強權，那些寒門貴子的成功也是個人對命運的逆襲。

這篇就來聊一下反抗的話題，我準備從荊軻刺秦王說起。

2

按照我們經常用的敘事角度，秦始皇滅六國是正義戰爭，畢竟天下統一以後，廣大人民可以安享太平歲月。

頒布「書同文」、「車同軌」的法令，打造出統一國家的雛形，日後不管怎麼分裂，大家有共同的文化背景，終究可以重新統一起來，不至於和歐洲一樣碎成渣渣，直到二十一世紀都鬧騰不休。

站在宏觀的視角來看，秦始皇做得對。

但我們可以換一個角度來思考，二千多年前的六國人民，願意接受秦始皇強加的正義嗎？

換位思考一下，答案很悲摧：不願意。

六國獨立生存了數百年，每個國家都有自己的文字和制度，雖然朝廷對人民未必溫柔似水，但這個國家，畢竟是「自己的國家」。

秦國想統一天下，六國為什麼要被滅國，成全秦國的夢想？秦國說自己是正義的，為了歷史的車輪滾滾向前而戰，那六國也要問了，你的正義是誰規定的？難道你的正義必須建立在別人的墳墓上？

六國人民沒有歷史的宏觀視角，不可能知道「大一統」會成為中國古代王朝的主流，也不明白十幾種文字對中國有什麼危害，他們只知道秦國要滅六國，那他們一定要為了自己的國家而戰。

所以在秦國兵臨易水的時候，燕國太子丹非常著急，再加上和秦王的關係也不好，便去請教老師鞠武。

鞠武告訴太子丹，不如派人去其他五國做外交工作，然後聯合北方的匈奴，只有結成牢固的聯盟，才能抵禦秦國的攻擊。

這個意見不新鮮，說白了就是合縱。

太子丹也知道，合縱要是有用的話，秦國怎麼可能展開滅國大戰？於是太子丹對鞠武說，這個辦法耗時太長，而且未必有用，畢竟弱國無外交。

鞠武勸不動太子丹，便向他介紹了田先生，說田先生是燕國的智謀高人，不如一起謀劃。田先生覺得自己年老體衰，便給他介紹了荊軻，表示荊軻可以謀劃國事。

詭異的命運線，就這樣讓太子丹和荊軻勾搭上了。

太子丹向荊軻說出自己的計畫：「燕國弱小，以舉國之力也不能抵擋秦國，唯一能保住國家的辦法，就是派勇士去秦國，向秦王獻上厚禮，趁機劫持秦王，逼他退還侵略諸侯的國土，如果秦王拒絕，那就一刀殺了。到那個時候，首都出了亂子，秦國大將卻領重兵在外，國家必然不穩定，諸侯國趁機合縱攻秦，說不定能有一線生機。」

這就是太子丹的主意。

平心而論，他的想法有一定道理，國家之間的正面對抗，燕國根本沒有勝算，用一些旁門左道的手段，說不定可以多活一段時間。雖然不能解決根本問題，卻是山窮水盡時拯救國家的唯一辦法。

為了這個計畫，很多人死了。

第一個是田先生。

太子丹說了一句：「這是國之大事，希望田先生不要說出去。」他覺得太子丹不信任自己，便自刎而死，希望以死明志，讓太子丹相信自己的人格。

第二個是將軍樊於期。

因為秦王用賞千金、封萬戶的回報，懸賞樊於期的人頭。荊軻覺得想見到秦王，必須有打動他的東西，樊於期的人頭，就是最好的見面禮。

太子丹不忍心殺樊於期，荊軻就私下去見樊於期，好說歹說，勸他自殺成仁。樊於期為了報太子丹的恩，也為了報秦王殺自己全家的仇，自殺了，人頭被荊軻打包裝好。

還有普通人。

太子丹買到徐夫人匕首，並且讓人抹上毒藥，找了一些普通人試驗匕首，結果稍微沾上血，人就中毒而死，可想而知匕首上的劇毒多厲害。

這些人，有的是自願而死，有的是被逼無奈死的，但他們都在用死來成全荊軻。

荊軻背負著眾人的希望，出發了。

易水河畔，太子丹和賓客白衣如雪，高漸離和荊軻擊筑高歌，所有人都「瞋目，髮盡上指冠」。只有悲憤到極點，人才會出現怒髮衝冠的樣子，而易水河畔人們的瞋目、髮指冠，代表著六國人民對秦國的仇恨。

荊軻登車而去，一路不回頭。

3

早年間張藝謀拍過一部《英雄》，說的也是刺秦的故事。劍客無名帶著長空和飛雪的信任，千辛萬苦走到秦王十步之內，卻被殘劍的天下觀感染，和要滅他們國家的秦王心意相通，最終放棄刺殺大計，為了天下自願赴死。

事實上，除了去秦國做官的李斯等人，你翻遍史書，也看不到六國人民和秦王一條心，他們不願意為了秦國的統一大業，而心甘情願地獻出一條命。即便要獻，他們也只會為自己的國家犧牲。

對於他們而言，秦國是侵略者、敵人，為秦國獻身，腦子壞了吧？

荊軻的腦子沒壞，沒有和無名一樣放棄刺秦。

他在咸陽獻圖的時候，奪匕、拉袖、刺殺，一氣呵成，絲毫沒有猶豫。秦王躲開匕首繞柱子跑，惶惶如喪家之犬。大臣都蒙了，而且手無寸鐵，不知怎麼才能救秦王，只好大喊「王負劍」，秦王才反應過來，抽出長劍砍斷荊軻的左腿。

此時的荊軻已經廢了，但是秦王「復擊軻，軻被八創」，意思是秦王又砍了荊軻七劍，總共有八處傷口。

短短七個字，你彷彿能看到一個氣急敗壞、面目猙獰的秦王，以及視死如歸的荊軻。原因就是六國人民對秦王滅國的恨，還有秦王對六國人民螳臂當車的恨。

隨後秦王大怒，發兵滅燕國。

燕王想消除秦王的怒氣，殺了太子丹，送上人頭給秦王，照樣沒保住國家，落得身死族滅的下場。賈誼在《過秦論》裡笑話這些諸侯，「爭割地而賂秦」，淪為千古笑柄。

從這個結果來看太子丹的刺秦計畫，其實也可以理解了。

反正在戰場上打不過秦軍，還不如在滅國前鋌而走險，讓秦王看看，不是天下人都願意順從秦國，我們只要有一口氣在，就會用一腔熱血噴你一臉。

再過幾年，秦國完成統一大業，秦王也成了秦始皇。他愛惜高漸離的擊筑手藝，便把高漸離留在身邊，專門為他服務。

一般來說，天下都統一了，大家可以安穩過日子了，以前的家國仇恨都可以放下了吧？然而並沒有。

高漸離利用職務之便，舉起樂器撲向秦始皇，想把他砸死，其實還是在延續荊軻的事業，為六國人民報滅國之仇。殺了高漸離以後，秦始皇「終身不復近諸侯之人」。

其實我們可以換個角度來思考，原本秦始皇還能體會一些普通人的悲歡離合，經過一連串的反抗和刺殺以後，他再也沒有個人感情了，那具肉體裡只留下冷酷的帝王心術。所以在博浪沙遇到張良刺殺的時候，驚魂未定的秦始皇一點都不客氣，命令天下搜捕十天，把皇帝的權力用到極致。

但是又能怨誰呢？

秦始皇的雄心壯志在滅國大戰裡，六國人民的家國情感，被滅國大戰摧毀得一乾二淨。他們不反抗，還是有血有肉的人嗎？

4

統一天下的秦始皇，其實也挺殘暴的，不管他對中國的功勞有多大，這點確實沒法洗白。早在滅國大戰的時候，每攻破一個國家，那個國家的宮殿樣圖就被送到咸陽，秦始皇讓人在咸陽北阪重新建造，並且讓那個國家的王妃夫人什麼的，全部住進去。

這不是簡單花點錢的事，而是為了滿足征服天下的欲望。

項羽說過，富貴不回鄉，猶如錦衣夜行。

畢竟是成功人士嘛，可以理解，但秦始皇的其他事情，就難以想像了。

他喜歡巡遊四方，有一年到了泗水河邊，想把落水的周朝大鼎取出來，就命令一千多人下水找鼎。那年頭沒有潛水服，也沒有氧氣管和護目鏡，一千多人裸體摸到河床上找鼎，黑壓壓的什麼都看不見，可想而知得死掉多少人。

但問題是，撈鼎是秦始皇的個人意願，和抵禦外侮是兩碼事啊。您把個人意願強加在人民的頭上，還扣上個大帽子，這不好吧。

沒過多久，秦始皇到了衡山郡和南郡，這兩個地方在湖北一帶，秦始皇要坐船過江，突然遇到大風，船都差點翻了。於是秦始皇大怒，命令三千人到江邊的湘山砍樹，直到砍光為止，導致湘山變成光禿禿的一片。

這是為什麼？

因為秦始皇覺得差點翻船，是山上的湘神在嘲弄他，所以要用皇帝的權威，徹底抹掉神鬼的生存土壤。

「我是皇帝，天下都在我的腳下，怕啥。」

後來秦始皇越來越喜歡大工程，覺得咸陽城裡的皇宮太小，便命令修建一座巨大的宮殿。

按照設計好的圖樣，前殿阿房宮就能容納一萬多人，出了阿房宮可以直接到終南山，並且以終南山為宮殿的門闕。

要修建這麼大一座宮殿，秦始皇派了七十萬人，而當時全國只有二千萬人口。按照這個比例來算，相當於現在的五千萬人全職投入宮殿的修建，還不是為了修水庫、開荒田等國家工程，而是為了滿足秦始皇的個人喜好。

其實歸根結柢，秦始皇對自己的權威太自信，做為首個大一統王朝的皇帝，他根本不知道力量的邊界在哪裡，所以就做了一系列不能為人理解的大事。

後世文人送給秦始皇一個暴虐的名號，說實話，一點都不冤枉。雖然他的功業對中國有利，但這樣一個不愛惜民力的皇帝，在他去世後罵他幾句也正常。

就在秦始皇去世的第二年，陳勝、吳廣在大澤鄉起義，喊出那句非常熱血的口號：

王侯將相，寧有種乎！

既然皇帝不把人民當人看，那麼人民起來造反，也是天經地義的事情。他們只是要爭取生存的權利，有什麼錯？

5

故事講完了，最後總結一下吧。

有人說中國人特別懦弱，永遠都是逆來順受，從來不知道「反抗」是什麼，這樣的民族沒有任何前途。

說這種話的人，簡直錯得離譜。

他們只看到中國人任勞任怨的一面，卻沒有發現，任勞任怨或者懦弱其實是忍辱負重，一旦到了忍無可忍的時候，中國人的反抗意識比任何國家的人都強烈。

歷史上層出不窮的農民起義，正是中國人反抗精神的敘事史詩。

因為弱小的國家和個人想改變命運，就必須打破現狀向上走，而打破現狀向上走的過程，不管能不能成功，其實都是對現狀的反抗。

荊軻刺秦王是弱國造強權的反，陳勝起義是底層人民造統治階層的反，中國近代不屈抗爭是造帝國主義殖民者的反，寒門貴子是造命運的反。

這種死不低頭的抗爭本性，是中國人與生俱來的內在精神。

韓非子的破局之道

1

《韓非子・五蠹》裡說過一件事：

古者丈夫不耕，草木之實足食也。婦人不織，禽獸之皮足衣也……是以厚賞不行，重罰不用，而民自治。今人有五子不爲多，子又有五子，大父未死而有二十五孫。是以人民眾而貨財寡，事力勞而供養薄，故民爭，雖倍賞累罰而不免於亂。

什麼意思呢？

韓非子說，遠古時候的人們不用種田，採摘野果和捕獵就夠吃了，穿的衣服也是純天然無污染的獸皮，所以人民生活安樂，每天都是歲月靜好的樣子。

現在生產力增長，人們喜歡生孩子，平均下來一個人有五個孩子和二十五個孫子，導致無限增長的人口在有限的資源裡爭奪，付出百倍努力，才能過上普通的生活。

也就是說，努力程度和收入完全不匹配。

這麼下去遲早要出亂子。

其實，韓非子在說「內卷」化的問題。

最近幾年內卷很流行，很多人感覺焦慮。

比如大學生以前是天之驕子，走到哪裡都是重點培養對象，現在卻是大學生遍地走，碩士生一操場，博士生一禮堂。

再比如以前上班是朝九晚五，下班就回家做飯、看電視，開開心心，現在加班成常態，連正常睡覺都成夢想了。

還有以前的中學生不用補課、熬夜，該玩就玩，該學就學，照樣能考上大學。但是現在的中學生卻很累。

實在沒辦法。大學招生數量是固定的，你去勞逸結合了，別人卻在拚命寫題，那麼別人考大學肯定得高分，你想得高分也必須拚命學習。結果所有學生的負擔都在加重，但是其中很多學生未必能考上好的大學。

所以，內卷是伴隨人類共存的固定話題。

只要狼多肉少，內卷就不可避免。

而生產力的發展速度，偏偏又追不上人類需求的增長速度，那麼如何解決內卷，便是一項技術活。

社會、行業、職場，總要面對這個問題。

2

既然韓非子能提出問題，古代統治者肯定想到解決辦法了。

回顧歷史，解決內卷無非是三條路。

第一條路肯定是向外發展。只要蛋糕的增長速度超過人類需求的增長速度，那麼內卷就永遠不會出現。

其實戰國初期的內卷已經很嚴重了，每個國家的內部土地大致消化完畢，疆域也抵達地理邊界，周圍不是草原就是大海，放眼四顧，除了繼續向外發展再也沒有出路。於是各國掀起變法高潮，統一天下的事情誰都不敢想，不過在激烈的競爭中贏得一絲勝算，總可以吧？

競爭的結果是秦滅六國，雖然關東六國人民沒享受到什麼紅利，但是秦國人過得很不錯。

不過秦始皇還沒有滿足。他繼續派出軍隊攻占嶺南和長城以北，讓中國的蛋糕大大的，人口少少的，總沒有問題了吧？

到漢朝的時候，秦始皇做好的蛋糕被消化完畢，人口達到五千萬，差不多是當時生產力的上限。

然後呢？

漢武帝開始四面出擊，平定朝鮮、嶺南、夜郎等地區，又動員漢家兒郎到西域屯田，要把水草肥美的西域和河西走廊也占下來。

這真的不是皇帝窮兵黷武，實在是不向外走就沒出路。我們都說中國的地理環境好，但是從反面來說，中國也是歐亞大陸的一座孤島。

後來的唐朝四面出擊，把秦、漢做過的事情再次做到極致，在朝鮮、日本、西域和突厥，都留下了腳印。

第二條路是向內深耕。

這條路是從宋朝開始的。

倒也不是宋朝不願意走出去，只是宋朝實在走不出去。既然走不出去，就只能把已經擁有的東西開發到極致，所以宋朝以後的中國，一切都在向精細化的方向發展。

比如瓷器和絲綢越來越精美，除了審美標準提高以外，另一個原因就是手工不好根本賣不出去。

又比如土地，以前國土面積大的時候，人們都喜歡在平坦開闊的地方種地。後來國土面積不大了，人們在山溝裡也開墾出小塊土地，勉強能收穫三天口糧。

總之，宋朝以後的一切都在向精細化發展，所有東西都被仔細雕琢，像一件件完美的藝術品。雖然是易碎品，擺在檯面上卻很漂亮。

不過這條路到清朝也走不下去了。

因為清朝人口爆炸到四億，這個數字是中國農業社會能承載的極限，而且清朝到處設置障礙，不讓中原人口到邊疆去。找不到出路的人們只能見縫插針，凡是能長草的地方都開墾成農田，甚至家門前後也要種糧食，把拜訪乾隆皇帝的馬戛爾尼[4]都震驚了。

清朝的人口數量是中國古代歷史上人口數量的巔峰，清朝也是內卷化最嚴重的朝代。唐朝人均佔有土地近百畝，清朝人均只有不到十畝，可想而知清朝人有多窮。

康乾盛世也成了饑餓的盛世。

國家極度向內深耕，必然會留下層出不窮的臭毛病，從某種程度上說，女子纏足、三綱五常成為主流價值觀、八股文等，也是國家內部精細化的必然結果。

畢竟，社交和意識形態也是「內」的一部分。

很多人說清朝拖了中國發展的後腿，其實清朝的困局在於，向外發展走到極致，向內也深耕到極致，又由於人口太多不需要發展機器，反過來導致沒有工業來容納更多人口，結果就是四億人困在東亞。

這不是清朝皇帝的問題，而是中華文明演進到這裡，必然的結果。歸根結柢，清朝是中國歷史上優點和缺點的集大成者。

4 編按：英國首個派到中國的使團，其領導者名為馬戛爾尼，於1792年出使，並於次年抵達中國。

第三條路是公平。

凡是向外發展、向內深耕都到盡頭的時候，國家便進入內卷的死胡同，對各種資源的爭奪達到極點，大家都活得很苦。

於是，公平分配就是人們的第一主題，而在經濟和交通不發達的農業時代，最直接的公平分配方式就是農民起義。

這不是誰能夠挑起來的，甚至和皇帝、大臣的賢明程度也沒什麼關係，而是事物發展到這個時候，幾百年矛盾的總爆發。這就是歷史的客觀規律。

3

說了內卷的歷史規律，我想起了具備了三種歷史規律的明朝。

這個王朝前期非常剛猛，像極了漢唐。

你看朱元璋稱帝以後，卯足了勁兒重整河山，什麼安撫農民恢復生產、北伐蒙古穩定國家安全、和周邊小國重建東亞朝貢體系等，無不是為了恢復漢唐榮耀打基礎。到了朱棣時代，更是派出龐大的船隊下西洋，最遠到達東非海岸，讓大明聲威遠播海外。

秦始皇征服百越、漢武帝伐匈奴收西域、唐太宗南征北戰萬國來朝，恐怕也不過如此了吧。

這也是明朝以發展對抗內卷的國策。

但是到了土木堡之戰以後，明朝在發展的路上遭遇了重大失敗，從此被打折了脊梁骨，再也不敢有征服蒙古的夢想，誰要是敢說效法太祖和成祖，總會有人說：難道你忘記土木堡的教訓了嗎？

鄭和七次下西洋整合了亞洲的貿易網路，清理了海洋上的海盜，基本上打通了亞洲的海上貿易線，在明朝官員叫停下西洋之後，東南沿海富商便自己準備大船，帶著瓷器、宣紙、絲綢等商品出海貿易，賺錢賺到「飛起」。

但是在明朝官方海禁的政策下，東南沿海貿易的發展，並不是一種開放的戰略，除了讓一批富商增殖家業以外，和國家財政、國策基本上沒什麼關係。

也就是說，明朝陸地和海洋的發展都停止了，把自己徹底封閉在了東亞大陸。

等明朝用兩百年時間向內深耕完畢，有限的資源再也不能養活無限增長的人口，再加上乾旱和瘟疫等天災，便爆發了要求重新洗牌的李自成起義、張獻忠起義。

整個三件套，明朝都齊備了。

明朝血淋淋的教訓，明明白白地告訴我們一個道理：只有做大蛋糕，才能不被困死在一方小天地。而做大蛋糕的最佳方法，就是走出去。

國家、行業、單位的資源都是有限的，誰強大就能多占一點，生存得久一點，生活品質也高一點。誰弱勢就占不到多少資源，只能吃贏家的殘羹剩飯，而且還要看人家的臉色，人家一旦心情不好，隨時都能砸了你的飯碗。

這不是個人選擇的問題，而是國家能不能生存的問題，這個邏輯一定要想明白。

4

最後還要說一點額外的東西。

我們都知道，限制一個國家發展的是資源，比如地大物博的國家，發展空間就會特別廣闊，文明程度也比較高。而國土小、資源少的國家，用不了多久就到天花板了。甚至可以說，有沒有煤炭、有沒有鐵礦、有沒有石油，都會從不同層面影響國家的發展上限。

我們把這個範圍擴大到地球，可以很清晰地發現，限制地球工業發展的核心因素是石油、煤炭等能源。要是沒有石油、煤炭等能源，工業世界馬上就運轉不起來了。

但是石油和煤炭的儲量是有限的，總有開採完的一天，如果太陽能和可控核聚變還沒有普及，那世界各國不就要爭奪僅剩的能源了嗎？

那可不就是整個地球的大內卷了嗎？

再深入一點說，限制工業發展的也是資源，比如鐵礦能生產什麼產品、銅礦能生產什麼產品等，要是地球上沒有合適的資源，很多東西是造不出來的。

也就是說，地球的資源，限制了文明的等級。

未來的世界，對內深耕到極致以後，會不會陷入類似於明朝和清朝的困局，既沒有向外發展的管道，又限於文明程度不能容納暴增的人口？

到那時候，人類的出路又在哪裡？

所以「我們的征途是星辰大海」，絕對不是一句空話，而是人類命運的最終歸宿。要是衝不出地球，人類就會被鎖死在現階段的文明程度。

這麼一想，還真有點淡淡的憂傷。

說到底呢，衝破內卷的方法，一是技術進步拓寬邊界，二是制度設計保證公平，除此之外再沒有出路。

當然，這些都是我在夜深人靜時瞎想的，離現實生活太遙遠，寫在這裡也只是一點個人想法。

不過《韓非子・五蠹》裡也說了，人民少而禽獸眾多的時候，有巢氏能建房子就可以做天下的王。天下洪災遍地的時候，大禹能治水就可以坐天下。但是後世人照抄堯舜禹的理論，必然讓人笑掉大牙。生產力都發展到極高的程度了，還在賣弄建房和治水的本事，典型的被歷史車輪碾壓了嘛。

所以說，一代人有一代人的使命，千萬不要因循守舊，守株待兔的事情要不得。

只要沒到最後一步，世界就有無限可能。

漢武帝割韭菜的利器

1

西元前一二〇年，經過多年征討匈奴，以及各地水旱災害的襲擾，漢朝財政差不多破產了。

《史記・平准書》裡記載得很明白，河西走廊的渾邪王率領數萬人投降，朝廷大肆封賞，花費「百餘巨萬」。梁、楚、關中和朔方都有水渠工程，花費「各巨萬十數」。山東遭到水災，朝廷把七十萬災民遷徙到關西和朔方，並且命令縣政府照顧災民的衣食住行，花費以億計，「於是縣官大空」。

朝廷和地方都沒錢了，但那些富商和諸侯，卻憑藉煮鹽、冶鐵積累萬貫家財，站在旁邊看朝廷的笑話。

為了挽救財政危機，朝廷官員建議漢武帝：「古代諸侯朝貢，都是用皮幣，我們也可以效仿呀。」

這個意見操作起來很簡單，就是把動物皮毛做成沒有實體依託的貨幣，然後以朝廷權力為之背書，賦予皮幣遠超自身的價值。

漢武帝瞬間就明白了，揮舞鐮刀割一波韭菜，簡單。

正好上林苑的白鹿很多，他就命令捕殺白鹿，把白鹿皮切割成一尺見方的大小然後在白鹿皮周圍刺繡裝飾，白鹿皮幣就做成了，交給專門經營皇帝私產的少府壟斷出售。

漢武帝一口咬定，一個白鹿皮幣值四十萬錢。

漢文帝曾經說過：「百金，中人十家之產也。」漢朝的貨幣兌換標準是一金值萬錢，那麼百金就是百萬錢，十個中產階級家庭的財富加起來是百萬錢，說明漢朝中產階級的標準是十萬錢。

現在漢武帝隨手做的白鹿皮幣，訂價是四個中產家庭的財富總值，按照現在的標準，起碼在四千萬元以上。

這麼貴的白鹿皮幣，又沒有實體經濟做依託，根本沒有任何信用，拿到市面上能賣出去才有鬼了，割韭菜也不是這麼割的。

但是漢武帝有辦法。每當逢年過節的時候，宗室和諸侯都要來長安朝拜進貢，漢武帝發了命令，你們朝拜進貢必須用白鹿皮幣做薦壁，才能進我的門，要不然就是大不敬，抓你們去坐牢。

所謂薦壁，就是貢品底下的墊子，類似於水杯的墊子。

其實漢武帝也知道，白鹿皮幣沒什麼價值，但那又怎樣，我就是明目張膽地割韭菜，你們還敢造反不成？

宗室和諸侯都不敢造反，白鹿皮幣便成了漢武帝割韭菜的利器。

2

不管是什麼幣，想要在市場上發揮作用，最重要的是信用，而信用的背後則是共識。

比如黃金，原本只是一種金屬，但是自從人類有經濟活動以來，大家慢慢形成一種共識，就是黃金可以兌換任何東西，只要有足夠的黃金，在世界上可以橫著走。

於是人類的共識，賦予黃金極大的信用，黃金也就成了實體貨幣。

反過來說，成為實體貨幣的黃金，通過無數次商業交易，再次加固了作為貨幣的信用，也加深了人類對於黃金的共識。

那麼白鹿皮幣的信用是什麼呢？

權力。

漢武帝發行了白鹿皮幣，而漢武帝是天下權力最大的人，完全有能力操控天下人的生死，他說讓誰三更死，誰就活不到五更天。他說朝拜進貢必須用白鹿皮幣，不用就是犯罪，那麼漢武帝就是用國家最高權力，為白鹿皮幣背書，讓白鹿皮幣有了國家級的信用。

為了強化白鹿皮幣的信用，漢武帝還殺了人。

大司農顏異管理國家財政，對漢武帝割韭菜不滿意：「宗室和諸侯朝拜用的玉器，也不過幾千錢，底下的墊子倒值四十萬，這不對勁啊。」

漢武帝一聽就怒了，我要割韭菜，你卻要保護韭菜，啥意思？

不久後，有人告發顏異犯罪，漢武帝順水推舟，交給廷尉張湯審理，最後定了腹誹罪[5]處死。

宗室和諸侯相信漢武帝是狠人，不用白鹿皮幣就要掉腦袋，於是便形成共識，雖然只是一張鹿皮，但這東西是買命錢，值四十萬。

信用和共識有了，白鹿皮幣便可以暢通無阻。

一邊用來割韭菜，一邊化身韭菜自願被割，大家都看破不說破，配合得天衣無縫。

3

人類社會中最高的權力之一是貨幣發行權，誰掌握了貨幣發行權，誰就是國家的經濟天子。發出多少貨幣、收回多少貨幣、貨幣之間的兌換價值是多少，稍微有點變化，都能讓無數人瞬間破產，也可以讓很多人富可敵國。

5 編按：意為在肚腹之中誹謗皇帝，即使批評的話語尚未出口，統治者僅憑自己的臆斷，就可以給予嚴厲的制裁。

當真是一言興邦，一言滅國。

相比煮鹽、冶鐵致富的老路子，漢武帝的白鹿皮幣屬於急需賺錢的新管道。既然傳統收稅的方法不能挽救財政危機，漢武帝便用權力重新發行了白鹿皮幣，繞開傳統的貨幣路徑，直接用國家權力推行出來。

所以漢武帝用白鹿皮幣收的錢，本質上是一種鑄幣稅，也只有另起爐灶重新發行貨幣，才能享受到鑄幣稅的樂趣。宗室和諸侯花費的四十萬錢，根本不是一塊破鹿皮有什麼價值，而是為漢武帝的權力買單。

換句話說，漢武帝用權力換錢，宗室和諸侯用錢買命，白鹿皮幣只是一個中介，給雙方披上一層遮羞布而已。

這也是白鹿皮幣最大的問題，本身不創造任何價值，只是財富的搬運工。不像黃金一樣，除了做財富的搬運工以外，由於產量稀少，本身就是財富的一部分。

什麼時候買方失去共識，那麼白鹿皮幣的信用便沒有了，緊接著發行貨幣的一方，也沒有鑄幣稅可以收了。

這場大戲也就落幕了。

二代的困境與兩難

1

歷朝歷代最尷尬的人中，毫無疑問，一定有老人家選定的二代們。因為老人家走了，二代們接過老人家的寶座和權力，卻幾乎指揮不動依然健在的次級老人們。

這就是尷尬的地方了，在其位，不能謀其政。倒不是他們什麼都做不了，而是在做事的時候，會有很多時候被掣肘，根本不能放開手腳做想做的事。

可能有人要說了，歷史上也有很多年輕皇帝啊，為什麼這些年輕皇帝略施手段，就能完成集權，順利推行政令？比如十六歲繼位的嘉靖皇帝，透過「大禮議」事件，一舉坐穩皇帝寶座。

其實問題的根就在於，國家的初期和後期，完全不是一個概念。

在國家進入後期的時候，雖然也有很多年紀大的官員，但他們和年輕皇帝一樣，都要依附於國家系統，才能生存下來。類似於玩遊戲，雙方都是玩家，年輕皇帝可以利用組織、機構和國家權威，盡情釋放天性，直到達到目的為止。而高齡官員在這套組合拳之下，幾乎沒有還手之力。

他們是在公平競爭，無非是手裡的籌碼不對等罷了。

但在國家初期就不同了。只有老人家選定的二代們，才是依附於國家系統的遊戲玩家，那些依然健在的白髮老人，可是和「一代目」打江山的人，屬於遊戲的開發者。

遊戲玩家想用組織、機構等遊戲規則，擊敗遊戲開發者，難度是不是太大了？他們經歷數十年的腥風血雨，能親手建立遊戲，並且制定遊戲規則，自然能繞開它，重新做一款新的遊戲。

在這種局面下，初登寶座的二代們，哪有資格指手畫腳？要是能安分守己，尚且可以安然度日為將來謀劃，要是想破壞遊戲規則，很快，遊戲開發者就會按下game over（遊戲結束）鍵。

比如漢惠帝劉盈，面對「佐高祖定天下」的呂后，絲毫沒有反抗之力。

呂后想殺趙王劉如意，劉盈保護了好幾天，結果呂后趁劉盈外出打獵的間隙，直接賜給趙王劉如意一杯毒酒，等劉盈回宮以後，才發現弟弟已經死了。呂后還把戚夫人做成人彘，讓劉盈來看。

劉盈看完大哭，卻不能阻攔母親的所作所為，只能說一句：「臣為太后子，終不能治天下。」然後「放棄治療」，終日飲酒作樂，沒幾年就病逝了。

他隨口說的兩句話，其實大有講究：這個天下，只有太后能治，太后子當然沒資格。就像你每個月用爸爸給的錢生活，卻想掙脫爸爸的束縛追求獨立，這不是開玩笑嗎？

劉盈的結局，成為後世二代們的標配。

畢竟呂后等人「佐高祖定天下」的時候，劉盈只是個孩子，他們不避刀槍危險建立的國家，憑什麼聽一個年輕人的號令？

能讓他們乖乖聽話的，只有那個帶領他們衝鋒陷陣的老人家。可是老人家已經去世了，留下二代們獨自迎接狂風暴雨。

2

除了年輕以外，二代們還有一個合法性的問題。

二代們的合法性，往往來自和老人家之間的傳承，所以他們必須高高舉起老人家的旗號才能立足。如果拋棄老人家的旗號，那麼沒有定國功勳的年輕二代，又有什麼資格繼續坐在寶座上？

所以老人家留下的遺產，不管好的或者壞的，他們都要打包接收過來。雖然在操作的時候，可以修補一些細枝末節，但大方向不能變。

於是一個不可調和的矛盾便出現了：老人家都是亂世雄主，用剛猛的手段才能梳理亂世，建立國家之後也要清理前朝積弊，為後世打下堅實的基礎。在這個過程中，必然要傷害很多人，甚至製造新的矛盾。

朱元璋就曾說過，「元以寬失天下，朕救之以猛」、「吾治亂世，刑不得不重」。為了江山和人民，老人家們以猛治亂世，到了幾十年後，國家已經進入太平歲月，就需要稍微放寬一點，讓大家喘口氣。然而以老人家繼承人自居的二代們，唯一的合法性就是和老人家之間的傳承，怎麼可能改變原有的方向呢？

改了，自己的地位不保。不改，很多人不滿意。

二代們處於一種不可調和的矛盾裡，不管如何選擇，都是錯的。而老年官員們卻有天然的合法性。畢竟江山是他們打下來的，遊戲規則是他們制定的，作為遊戲的開發者，不管他們做什麼都是對的。當二代們的尷尬處境遇到遊戲開發者的降維打擊，很多似曾相識的事情就出現了。

漢惠帝劉盈去世幾年後，陳平、周勃等人誅滅呂氏家族，「無少長皆斬之」，徹底終結漢朝的「惠帝——呂后」時代。劉邦定下呂氏和功臣共掌朝政的布局，現在也被陳平和周勃拋棄，迎接漢文帝入長安，進入功臣獨大的新時代。

唐朝的二代則是太子李建成，因為他的唯一合法性是李淵長子，並沒有其他功勳能支撐起他的地位。秦王李世民則是功臣的代表人物，屬於年輕的老同志。結果沒等李建成正式登基，就被李世民射死在玄武門，李建成和李元吉的十個兒子也慘死刀下。

李世民射死的是自己的親手足兄弟，當然要得到更多的報償。於是李淵的至愛親朋裴寂等人紛紛退休，長孫無忌和侯君集等功臣出任朝廷要職，排排坐分果果。

明朝初年最特殊，朱元璋把開國功臣們大部分都殺了，讓兒子們到各地執掌軍權，成為明朝另一種形式的老同志。

原本朱元璋希望朱允炆延續既定政策，千萬不要瞎折騰，結果朱允炆繼位不久便更改祖制，把自己的合法性給改沒了。後來的靖難之役，口號便是恢復太祖制度，而接替朱允炆登上皇位的，也是「諸王之長」的燕王朱棣。

這些歷朝歷代都發生過的故事，誰又能說只是巧合？

每個老人家都想把遺產交給下一代，而且最好是和平交接，不要再起任何波瀾。然而歷史證明，每個朝代的二代都是在動盪中交接遺產，甚至要掀起一場血雨腥風。

3

其實說到底，每個老人家選定的二代們，都是過渡性人物。

如果在國家時間線上出現得稍晚一些，或者做一些具體的建樹，他們應該會有更大的成就。

但是命運無常，他們也不知道為什麼，就被推到一個決定國家走向的十字路口，前有老人家的遺產，後有「佐高祖定天下」的老臣們，做什麼都是錯的，尷尬得不行。

那些「佐高祖定天下」的老人也明白，二代們其實是無辜的，不管接班還是退休，都不是他們能決定的。所以在短暫的避諱之後，後人也會發自內心地同情他們，並且在力所能及的範圍內，給予他們匹配的歷史地位。

而且漢惠帝、李建成、朱允炆這些二代雖然都做過一些過火的事情，但對於個人而言，都有非常仁厚的一面，這樣的人，其實也差不到哪裡去。

今朝

每個時代都不是獨立存在的，追根溯源，必有源頭和終點。源頭藏在歷史的細節裡。一條打通古今的主線是推論過程。而終點是我們想要尋找的答案。

冰河時代

1

《史記・貨殖列傳》裡有段記載：

故曰陸地牧馬二百蹄，牛蹄角千，千足羊，澤中千足彘，水居千石魚陂，山居千章之材。安邑千樹棗。燕、秦千樹栗。蜀、漢、江陵千樹橘。淮北、常山已南，河、濟之間千樹萩。陳、夏千畝漆。齊、魯千畝桑麻。渭川千畝竹。及名國萬家之城，帶郭千畝畝鐘之田，若千畝卮茜，千畦薑韭。此其人皆與千戶侯等。

繞暈了吧，我來翻譯一下。

司馬遷的意思就是，如果有五十匹馬、一百多頭牛、二百五十隻羊、二百五十頭豬、千畝竹林、千株橘樹中的任意一種，財富數量都相當於千戶侯。

千戶侯可是漢朝冊封的侯爵，不說富可敵國，起碼也是地方的納稅大戶，種點竹子和橘子就能賺錢，說明這些東西都是漢朝的經濟作物，還是不動產。

尤其是竹子，蓋房子和製作武器都要用到，類似於現在的鋼材。竹子有多重要，還是看司馬遷的記載：「竹竿萬個……亦比千乘之家」。意思是有一萬個竹竿，就是身家十億的富豪了。

而且司馬遷在這段話裡，透露出一個很重要的資訊：渭川千畝竹，蜀、漢、江陵千樹橘。橘子喜歡溫暖濕潤的氣候，低於零下8度就死了，所以橘生淮北則為枳。竹子是亞熱帶植物，現在主要分布在川渝和江浙。

渭川在關中，漢是漢中。要知道在明清時期，這些地方種糧食都困難，漢朝的時候居然能種竹子和橘子，簡直有點不可思議。

但以司馬遷做學問的嚴謹程度，肯定是有了。

那問題就來了：為什麼明清時期沒有的東西，更早的時代卻有呢？

其實原因很簡單，古代氣溫高。

據竺可楨先生考證，除了西周有兩百年的低溫氣候，在西漢滅亡以前，中國將近三千年的時間裡，平均氣溫比現在高攝氏2度。

可能有人說，只不過2度而已，家裡的空調升溫2度根本沒感覺啊。家裡當然沒感覺，可全球升溫2度，環境就大不一樣了。因為僅僅升溫2度，黃河流域的河南、陝西、山東便成了亞熱帶，類似於現在的廣東和雲南，而那時的江南，則相當於現在的東南亞。

在這種高溫環境裡，大象在河南野蠻生長，商朝人民就把大象當寵物養，甚至組建了一支象軍。這種典型的東南亞特產，居然在商朝的河南出現了，於是河南的簡稱是「豫」：一個人牽著大象。

而且黃河流域有梅子和竹鼠，梅子是用來調味的，竹鼠可以吃，這兩種東西，現在已經跑到江南沿海地區定居了。

這種溫暖的氣候從西元前三千年持續到東漢初年，整整三千多年，我們熟悉的三皇五帝、諸子百家、秦皇漢武，都是在這個時期出現的。

因為氣候溫暖，農業和畜牧業都發展得很好，中國先民在勞動中積累了大量經驗，這種地理、氣候和人的互動，帶著中國文明滾滾向前。

漢朝的關中有竹和橘，實在太正常了。

再多說一句，那時候的人們穿著和裙子一樣的下裝。以前我很納悶，冬天他們不冷嗎？後來明白了氣溫不同以後，才幡然醒悟。現在很多南方人冬天也不會在外褲裡加穿一件保暖的長褲，照樣能過年，更何況溫度更高的西元前呢？人家是真的不需要。

如果你想體驗上古先民的生活，直接去廣東或者雲南就行。

2

自二千年前的東漢起，地球環境變了。

上古那種溫暖宜人的氣溫逐漸遠去，中國變得越來越冷，平均氣溫比現在低1到2度。千萬別以為氣溫浮動3度沒關係，放在歷史上，就是毀滅生態環境的大事。

氣溫降低導致農業減產，那時候又沒有化肥和溫室大棚種植，結果就是糧食不足。而王朝安定數百年，卻讓土地能養育的人口數量達到頂峰。

這麼一來，糧食總量完全不夠人口分配，再加上權貴橫行和階級剝削，導致很多人吃不到糧食，只能挨餓。

於是，馬爾薩斯陷阱[6]開始作用了。

人們成天遊走在餓死的邊緣，總要想辦法活下去啊，換作是你，恐怕也不會在乎什麼道德和法律了，唯一能做的是搶和偷。所以在一八四年，東漢王朝的內部腐化和氣溫降低，直接引發了黃巾起義。

中國農民受不了氣溫降低，草原牧民也受不了。

畢竟氣溫降低到一定程度，必然影響牧草生長，一旦水草不豐盛，牛羊沒什麼吃的，

6 編按：指人口的數量超過環境生存資源所能負荷的上限時，就會開始出現饑荒、戰爭等事件，由英國經濟學家馬爾薩斯提出。

便會大批餓死。那麼以牛羊為食物的牧民，也要跟著挨餓。為了活下去，草原游牧民族就得找出路，以他們逐水草而居的生活方式，肯定是向水草豐盛的地方前進。

那什麼地方的水草豐盛呢？

當然是南方嘛。

氣溫降低以後，農牧交界線逐漸南移，以前內蒙古能種竹子，現在不行了，竹子和橘子、大象、竹鼠等，轉移到南方的長江流域，而北方的黃河流域，正是游牧民族喜歡的環境。所以在三國時，草原游牧民族紛紛向南遷徙，在河北和山西定居下來，成為中原王朝的編外人口。

魏晉政權穩定時，他們安分守己地過日子，但是司馬家掀起「八王之亂」，打得山河破碎，這些游牧民族就在這時起兵南下爭奪政權。

而此時的羅馬帝國也到了衰落期，不僅官僚和貴族階層越來越龐大，可以交稅的農民和商人也越來越少，導致羅馬帝國的財政非常糟糕，和中國的東漢王朝差不多。

其實每個國家的末年都一樣，核心便是既得利益集團向上截留國家稅收，向下剝削底層人民，成為臃腫的食利階層。

熟悉的配方，熟悉的味道。

氣候溫暖期，國家的生產力大發展，經濟實力爆棚，生產力加經濟造就了大批人才，而農民更容易安定，於是國家快速建立穩定的政權。經過幾百年的安定歲月，國家系統不斷老化，走到壽命的終點，正好趕上降溫和天災洶湧而來，咣噹，國家崩潰了。

這個過程有必然，也有巧合，只能說特定的事情在特定的時間爆發了。

而中亞大草原，又成為中國和歐洲的聯絡線。

草原游牧民族想求生路，只有兩條路線，其一是越過長城進入中國，匈奴、鮮卑、突厥、契丹和蒙古，都是走這條路線進來的。

其二是向西遷徙，經新疆進入哈薩克等中亞國家，他們在這裡繼續分化。有的向南走，攻破阿富汗、伊朗甚至印度，然後皈依伊斯蘭教，在原地建立國家。印度的蒙兀兒帝國，開國君主就是突厥化的蒙古人。

不得不說，那時候的蒙古人是超級學習機器，走到哪兒學到哪兒。

有的繼續向西走，越過中亞草原直抵歐洲，然後把歐洲國家暴揍一頓，留下「上帝之鞭」的名號。漢末大降溫之後，部分匈奴人便走上西遷之路，百年後突然冒出個匈奴王阿提拉，在歐洲殺得人頭滾滾，留下萬世凶名。

整個魏晉南北朝的分裂，歸根結柢，都是國家系統崩潰和地球降溫的二重奏。

經過幾百年大洗牌，跟不上生產力的制度被改革了，水火不容的民族融合了，中國輕裝上陣，進入輝煌鼎盛的隋唐帝國。說來也巧，原本打寒戰的地球突然病癒了，氣溫逐漸回升到秦漢時期，也就是比現在高2度的水準。

於是，橘子回來了。

李隆基在蓬萊宮種了幾株橘子樹，每年能結一百多個，偶爾和大臣們炫耀：「站在這裡不要動，朕去摘點橘子。」

氣溫回升的重要標誌是農田產量，七三八年，也就是李隆基統治下的開元盛世時期，甘肅慶陽的小麥大豐收，卻怎麼都賣不出去，因為所有地方都豐收了，根本不需要買糧食。慶陽在甘肅和陝西的交界處，農田產量不低於東部，可見環境真的適宜人類生存。

而慶陽以西的河西走廊、安西都護府，竟然也是水草豐茂的地方，不僅適合大規模耕種，那些不能種田的地方，也可以畜牧養馬。

農牧兩開花，甘肅成為大唐的西陲重鎮。

但唐朝的好運到此為止了。隨著大唐在「安史之亂」後走下坡路，氣溫重新降低，原本富庶的河西走廊逐漸破敗，甚至輝煌幾百年的關中，也變得不適宜農耕，失去了經濟重心的地位。

當然，戰亂破壞是很重要的原因，氣溫降低也是事實。

此後千年，雖然氣溫偶然回升一下，給歷朝歷代稍微帶來點欣喜，但整體趨勢是降低的，明清時期的最高溫度，甚至沒達到漢唐的最低溫度。

從草原衝出來的蒙古人，沿著兩條路線出擊，一部分進入中國建立元朝，一部分屢次西征，最遠到達歐洲境內，還有一部分則留在中東地區，和當地民族融合，建立起伊斯蘭國家。基本上把蒙古高原能走的三條路線走遍了。

十七世紀中期，中國氣溫降到有史以來的最低點。最冷的時候，江浙的太湖都結了厚厚的冰層，有人從江蘇駕車出發，一路穿過太湖到浙江湖州，居然沒有掉下去，現在看來簡直是天方夜譚。

伴隨低溫的是饑荒。大明共有兩京一十三省，有大半省分常年乾旱，除了少數地區能種出糧食來，很多地方常年顆粒無收。

同樣是甘肅慶陽，在大唐可以大豐收，糧食多得賣不出去，在明朝卻連糧食都種不出來，李自成帶起義軍去慶陽轉了一圈，發現這地方根本不能養軍，留在甘肅是要餓死的。李自成和其他義軍領袖從陝北闖出來，拚命往東部走，那都是去吃飯的啊。

而立國二百多年的大明朝已經爛透了，朝廷有昏庸的崇禎和撈錢的閣老，地方有豬一樣的藩王和鄉紳，江南則是東林黨的地盤。於是明朝和漢唐一樣，走上國家系統崩潰和氣溫降低的老路。

唐朝以後的千年裡，有沒有氣溫回升呢？

也有的。

其中一個小幅回升持續十幾年，張居正改革便發生在這段時間，為大明朝續命幾十年。另一個氣溫回升時期持續百年，做皇帝的是康熙、雍正、乾隆，留下「康乾盛世」。

到底是人借地球的勢，還是環境塑造了人？

你仔細想想。

3

明白中國的歷史變遷，接下來我們把視角再放大一點。

五千年的時間裡，為什麼氣溫會不停變化，造成人類生活的困擾呢？

要說清楚這個問題，首先要明白，我們生活在地球上，萬事萬物都要遵循地球的運動規律，脫離地球運動談世界，那是不可能的。

距今二・五億到六千萬年前，地球處於中生代，而中生代又分為三疊紀、侏羅紀、白堊紀，稍有常識的人都知道了，這是恐龍生活的年代。

恐龍在地球上沒心沒肺地生活了二億年，直到六千萬年前一顆彗星撞擊地球，引發大規模火山噴發，遮天蔽日的粉塵進入大氣層，影響了植物的光合作用，導致恐龍的食物鏈斷裂，造成恐龍滅絕。

陪恐龍一起滅絕的，還有地球百分之五十的物種。

從此以後，地球進入第三紀，這是哺乳動物蓬勃生長的時期，直到二百五十八萬年前，一個大型冰蓋永久覆蓋南極大陸，地球進入第四紀大冰期。

是的，我們現在就生活在第四紀大冰期，俗稱冰河時代。

可能有人要說了，溫室氣體都超標了，世界各國都在節能減碳，這哪是冰河時代，聽你在胡說八道吧。

但是我們真的處於冰河時代。

第四紀大冰期至今二百五十八萬年，不是說整個地球都和南極似的，永遠被冰層覆蓋，而是一個接一個的小冰期，共同組成第四紀大冰期。

每個小冰期的週期是十萬年左右，而兩個冰期之間會有一萬到三萬年的中斷時間，學術上叫作間冰期。

間冰期沒有冰期寒冷，反而很溫暖，特別適合動植物繁衍生息。

我們生活的年代，便是上一個冰期結束，下一個冰期尚未開始的間冰期，至今已經走過一・一七萬年，開始的標誌便是全世界的共同記憶：大洪水。

當然，間冰期也不是永遠溫暖的，地球在間冰期還是有氣溫浮動的，幅度差不多是1到3度，這個時期叫作冰段。

是不是和中國歷史對照上了？

炎黃至秦漢、隋唐的氣溫，才是地球間冰期的正常狀態，人類可以放肆生活，而魏晉和宋元明清的氣溫下降，尤其是造成明末慘狀的低溫，其實就是冰段。

那為什麼會有冰期和間冰期呢？

學者認為，幾百萬年前不知道什麼原因，地球的二氧化碳濃度比恐龍生存的中生代整整下降十倍，造成氣溫急劇降低，於是開啟了綿延無期的第四紀大冰期。

在十萬年小冰期的時候，二氧化碳濃度逐漸積累，地球氣溫開始回升，當二氧化碳濃度突破某個臨界點，溫暖的間冰期便開始了。再過一萬到三萬年，空氣中的二氧化碳不夠，十萬年小冰期就啟動了。

人類在間冰期生存一・一七萬年，如果不出意外的話，人類文明已經走過一半，以後的日子也就一萬多年了。

要是一萬年內不能走向星辰大海，人類現有的文明，會遭到極其嚴重的打擊。

那十萬年的小冰期，人類就不能生存嗎？

那是不可能的，據中國工程院院士李佩成考證，十萬年小冰期的溫度比現在低8到12度。

明朝末年比現在低2度，已經是遍地乾旱饑荒，發生人吃人的慘劇了，短短二十年時間中國人口減半，要是氣溫降低8到12度，什麼都別說了，人都被凍死了。

這也解釋了為什麼人類是從非洲走出來的。因為在上一個冰期的時候，只有非洲這種地方，人類才勉強能夠生存。

有部電影叫《雪國列車》，電影裡有個人的胳膊伸出火車外，不到十分鐘就凍成冰雕，輕輕一敲就斷了。

什麼時候間冰期過去了，地球大概就是這種場面。

4

我們在前文說，此次間冰期的剩餘的時間，只剩下一萬多年，有沒有什麼辦法可以增加人類文明的年限？

也是有的。

部分科學家說了，如果二氧化碳濃度增加到750ppm，間冰期可以持續五萬年，相當於延長人類的文明年限。

如果二氧化碳濃度下降到210ppm，下次冰期便會在一萬年後出現，人類的一切都將消失。

而工業革命前的二氧化碳濃度，只有280ppm，經過幾百年的工業革命，二〇一五年一度突破400ppm。

想增加人類文明的年限，必須放任二氧化碳排放，讓其濃度比現在翻一倍，代價便是全球繼續變暖。

相比工業革命以前，氣溫上升2度，居住著二・八億人的地方會被淹沒，上海變成像威尼斯一樣的水上城市。氣溫上升4度，超過一・四五億中國人生活的沿海城市，將變成海底世界。

幾千年前的沿海地區經濟不發達，基本上沒什麼人居住，但現在不一樣了，中國的經濟大半在沿海地區，要是繼續放任二氧化碳排放，就出大事了。

一萬年後的人類文明走向何處，對我們來說太過遙遠，誰都不能確定，一萬年後會發生什麼。

但期望有朝一日全球升溫能控制在攝氏2度以內，到時候中國重新回到文明發跡的年代，也就是比現在高2度的時期，我們就能知道，司馬遷真的沒有騙人。陝西關中有竹子和橘子，河南的朋友可以養大象做寵物，真正體會一下，豫字是什麼意思。

現在地球運動走出冰段，除去工業化的影響，也在不斷向成就秦漢、隋唐的正常氣溫自然恢復。

這種宏大的歷史進程，恐怕是地球媽媽給我們發的超級大禮包。

「不願生育」的真相

1

眾所周知，人們願不願意生孩子，是由生產力決定的。以工業革命為分界線，這點表現得非常明顯。

在靠天吃飯的農業社會，人們願意生孩子，而且把「結婚生子」當作人生最大的任務之一，畢竟生產力落後嘛。

比如《史記・夏本紀》裡說，大禹治水用了十三年，走遍大半個中國，才開九州、通九道、陂九澤、度九山。最後治水成功，大禹累得小腿上的腿毛都磨光了。

在那個年代，大禹是國家的領導人之一，工作環境都如此惡劣，可想而知，普通人的生活有多慘。基本上是「茅屋、雜食、皮草」三件套，能活一天算一天，生活品質就別想了。

至於防疫和醫療更是沒有的事，如果不幸感染病毒，只能用免疫力硬扛，能活下來是命大。反正周圍的人都一樣，大家對生命感受的閾值很低。

這種生產力落後的年代，從「三皇五帝」一直持續到工業革命前夕，雖然各種技術在不斷進步，但始終處於積累階段，並沒有跨越式的發展，對人的壽命幫助不大，直到一九四九年以前，人均壽命都只有三十五歲。

活下去是農業社會最大的追求。

為了降低高死亡率的風險，人們唯一能做的便是提高出生率。也就是盡量多生孩子，不至於讓家庭失去勞動力，進一步導致家庭收入減少，甚至被人欺侮。

古代人信奉「多子多福」，本質是對於投資和回報的期望。

既然生孩子是投資，那夫妻需要付出什麼？

其實也不需要什麼成本，無非是做飯的時候多放一把米，吃飯的時候多一雙筷子，教育則是量力而行。畢竟生孩子的初衷不是培養成才，而是為家庭增加勞動力。

那些孩子稍微有行動能力的時候，就要參與家庭的勞動，比如五歲要打掃環境和拔豬草，八歲得放牛、放羊，到了十二歲就要去種田了。還想賴在家裡玩？門兒都沒有。

所以在農業時代生孩子是成本極低、收益極大的投資行為，甚至是改變命運的機會。只要生育能力健全的人，都不會放棄這個機會，拚命生孩子。

生一個回本，生兩個就是賺到，多多益善。

而人們自發的生育行為，也得到了國家的保護。

《史記・魏公子列傳》裡說了一個故事。

西元前二五七年，秦國在長平殲滅趙國的四十萬大軍後，發兵包圍邯鄲城。趙國平原君的夫人，正好是魏國信陵君的姐姐。於是平原君寫信給信陵君，求他帶兵攻擊秦軍，解救邯鄲之圍。

當時魏國已經出兵了，只是將軍晉鄙駐紮在戰場以外，坐山觀虎鬥，根本不願意直接和秦國交鋒。於是信陵君想辦法偷了魏王的虎符，到魏軍中殺了晉鄙，統領全軍救了趙國。然後信陵君便下了一道命令：「父子俱在軍中，父歸。兄弟俱在軍中，兄歸。獨子無兄弟，歸養。」

最後信陵君選出八萬戰士，擊敗秦軍，解了邯鄲的困局。

信陵君為什麼要下這樣的命令呢？

因為父親和長兄是家裡的主要勞動力，一旦在戰爭中犧牲，一個家就失去頂梁柱了，以後的日子會很艱難。而「獨子不參軍」更是國家的紅線，畢竟家裡只有一個後備勞動力，死在戰場上，對家庭是毀滅性打擊。

首先失去了主要經濟來源，這個家庭必然生活得非常拮据，其次是沒有人為父母養老了。

所以國家寧願損失一些戰鬥力，也不讓獨子參軍。

這背後的邏輯就是，孩子是家庭的重要資產，不僅要加碼投資，還得長期持有，絕對不能只做一次買賣。

2

工業革命以後，人類的生產力迅速進步，以前想都不敢想的事，現在都能實現了。

首先是糧食。美洲發現的紅薯、玉米等高產作物普及，再加上化肥和農業機械的運用，使土地的畝產量增加，人類的糧食供給史無前例地豐富起來。

其次是醫學。青黴素、手術、藥品、護理等醫學技術的發明，極大提高了病人的生存機率。

有糧食就能養活更多的人口，有醫療就能降低死亡率。

而且在工業革命前期，正是需要勞動力的時候，比如煤礦、鋼鐵和紡織，都是勞動密集型產業，以前沒什麼地位的婦女，被迫走進工廠參與勞動，實在不夠還有童工。

於是在工業革命前期，世界各國都在拚命生孩子，人類出現了第一次人口大爆炸。因為孩子依然是家庭的重要資產，生孩子作為一項投資，延續了收益大於成本的屬性。

一八〇〇年左右，全世界只有十億人口，到一九五〇年的時候已經飆升到二十五億，這個期間，正好是兩次工業革命爆發的時間。

中國的工業化起步晚，蘇聯援助一百五十六項工程時才開始的，也就是在新中國「高積累、低消費」的前三十年，人口從二十世紀五〇年代的五億，飆升到八〇年代的十億。

可見「人口爆炸」是全世界的問題。

但是工業革命發展到一定程度時，人們開始不想生孩子了。

原因很簡單，隨著工業革命的推進，人類文明也飛速進步，社會福利、人權、生命尊重的觀點逐漸興起，以前那種粗放的經營方式，再也維持不下去了。

首先，童工不能用了，於是對於很多貧困家庭來說，孩子回報家庭的時間就要向後推遲，起碼到十八歲以後。

然而更悲摧的事情來了。

城市居民的生活都不錯，即便不能大富大貴，也不用為了吃飯發愁。「倉廩實而知禮節，衣食足而知榮辱」，當人類不需要再為生存掙扎，便開始追求生活的品質了。

怎麼追求生活品質呢？栽培孩子讀書吧，將來能出人頭地，甚至讓整個家庭都更上一層樓。你想讓孩子早點工作賺錢，可是放眼望去，同齡人都在拚命讀書升學，你要是讓孩子出去工作賺錢，將來連同齡人的汽車尾氣都吃不到，你甘心嗎？

然而栽培孩子讀書本來就是件不一定會看到成果的事情，一個家庭省吃儉用投資二十五年都沒有回報，甚至將來也不一定會有回報，對於普通家庭來說，和先人一樣多生孩子就很吃力了。

為了把有限的資源用在刀口上，人們的辦法就是少生孩子，優生優育。畢竟科技進步了，人類的死亡率大幅度降低，不必用出生率來對抗死亡率。

所以在工業時代，孩子不再是家庭的勞動力和重要資產，而是回歸到人類最原始的生命延續功能，以及家庭成員的精神陪伴。

很多人選擇不生孩子，這個時候家裡老人就會出來勸：「哎呀，不生孩子是不行的，你老了可怎麼辦啊？」家裡老人的話也沒有錯，這也是人類藏在基因裡的東西，來世界走一趟就是為了延續生命嘛。

但是不生孩子的頂客族，其實在經濟上也沒問題。

老一輩人生孩子是為了獲得勞動力，增加家庭收入，防止老無所養。而現在的年輕人，完全可以找一份工作，衣食無憂地過一輩子，不必用「增加勞動力」的方式來獲取家庭的財富。等老了有養老金，想吃藥，樓下就有藥局，如果真的需要人照顧就去養老院。於是生孩子就成了個人意願，而不是人生的必需品，不想生就不生，你能怎樣？

大部分人優生優育，少部分人不願意生，人口數量能不下降嗎？

同時改變的是國家人口結構。

在工業化狂飆突進的年代，國家需要勞動力，鼓勵大家生孩子，形成了一個老年人少、青壯年多的金字塔型人口結構。經過幾十年發展進步，青壯年的生育欲望降低，就生得少了，而等到這些青壯年成為老年人之後，就形成了老年人多、青壯年少的倒金字塔型人口結構。

這就是我們經常說的高齡化社會。

3

世界各國進入高齡化社會，當然著急，想了很多辦法來刺激生育。比如日本推出生育補貼，只要生一個孩子就補貼四十二萬日元，差不多是二萬五千元人民幣。用二萬五千元人民幣就想讓日本人生孩子，簡直是打發叫花子呢，日本的生育率始終提不起來。

韓國獎勵生育的政策有一百多項，但是二〇二〇年的首爾人口跌破千萬，已經回到一九八八年的狀態了。牛津大學的教授還發表了一項人口研究報告，指出韓國可能是「首個消失的國家」，消息一出，讓韓國的人口問題再度成為輿論關注的焦點。

可見政府刺激也沒什麼用，大家都不想生。

為什麼呢？

原因大家都知道，壓力太大，這點和工業革命也有關係。

以前的農業世界是個體的、原子的、老死不相往來的，一家人住在空曠的農村，每天感覺淒淒慘慘戚戚，打心底裡就想多生幾個孩子。要不然每天聽著狼嚎不瘆人啊？

但是工業革命重塑了世界，人不再是孤零零的個體，而是無數人組成龐大的網，把整個世界包裹起來，每個人的一舉一動，都和世界的變化息息相關。可能你家樓下的龍蝦漲價，原因是大西洋的一股寒潮。你家社區的房價上漲，可能來自美國的貨幣超發。

在這種環境裡，人們被快節奏的生活催著跑，每天疲於奔命，連吃外賣的時間都沒有，更別說十個月的懷孕時間了。

想請假？那要先問問老闆答應不答應，可能生完孩子回來，職位都被人占了，畢竟不奮鬥的不是兄弟。所以很多人的潛意識裡就不願意生孩子。

最重要的是房子。

房價一天比一天貴，年輕人想換大房子又買不起，只能在一個逼仄的環境裡，夫妻倆轉身都要打架，恐怕他們更不願意再放一個孩子進來。在追求生活品質的年輕人眼裡，那種雞飛狗跳的日子，根本不是人過的。這樣的生活狀態，哪有心思生孩子？

就像以住房逼仄聞名世界的香港，生育率也處於世界的窪地，處於倒數第五的名次。換作是你，在籠屋裡能有生孩子的心情？

世界各國都一樣遵循這個規律。經濟落後的烏干達、索馬利亞等國家是非洲最能生的，而經濟相對發達的歐美地區和日、韓生育率持續走低。

可見工業經濟越發達的地區，人們的壓力越大，越不願意生孩子。經濟不發達的地方，人們沒有「996」[7]也不用疲於奔命，反而有生孩子的意願。

7 編按：指早上9點上班，晚上9點下班，每週工作6天的一種工作制度。

4

既然經濟發達的國家生育率持續下降，那以後會發生什麼事？

美國是最不擔心的。美國原本就是移民國家，如果勞動力不足，可以開放移民限制，讓黑人和墨西哥人到美國工作，反正移民是美國的立國基因。

歐盟國家屬於生冷不忌，什麼人都敢要，這幾年中東難民湧入歐洲都不知道怎麼收場呢，不過他們能解決一些歐洲的人口問題。

現在不願意生孩子，最大的原因是房子問題，但是現在的房價高也有時代特徵。比如八〇後、九〇後的人口多，買房的需求強烈，而且前兩代人趕上歷史進程，賺了錢需要投資，或者是用買房子來賺錢。等再過二十年，現在的新生兒長大以後，可能每個家庭都有幾套房，完全是供給大於需求。

那麼可能除了「北上廣」和一線省會城市以外，其他地方的房價都會出現不同程度的下跌。到那個時候，房子不是問題，年輕人的壓力減輕，說不定生育率就起來了。

很多事情現在看是大問題，感覺世界末日要來了一樣，可一旦拉長時間線，把當下的問題放在歷史的長河中，基本上沒有過不去的坎。

中國典籍與「十厄」

1

西元前二一三年，秦始皇在咸陽宮設宴請客，君臣吃肉喝酒吹牛，非常開心，突然博士淳于越站出來說：「周朝享國千年，主要原因是封功臣子弟為諸侯，有什麼事可以拉一把，像您這樣大權操於一人之手，連親密戰友都沒有，恐怕不是長久之計啊。」

平心而論，淳於越的話沒什麼問題。

後來秦國各地揭竿而起，分散在郡縣的武裝力量，基本上不能組織有效的抵抗，最終形成分崩離析的局面。如果和西漢初年一樣，在關東六國故地分封諸侯國，肯定能把起義撲滅在萌芽階段，或者說壓根就沒有起義了。

但是滅六國短短八年，秦始皇意氣風發，根本不願意聽淳于越的話，而且丞相李斯勸他：「上古三代不足以效法，學者們重新提出分封的事，不過是借古諷今，甚至是用輿論威脅國家。不如把亂七八糟的書都燒了吧，只有如此，才能統一大秦人民的思想。」

臣請史官非秦記皆燒之。非博士官所職，天下敢有藏《詩》、《書》、百家語者，悉詣守、尉雜燒之。有敢偶語《詩》、《書》者棄市。以古非今者族。吏見知不舉者與同罪。令下三十日不燒，黥爲城旦。所不去者，醫藥卜筮種樹之書。

——《史記・秦始皇本紀》

秦始皇同意了。

隨後的一個月裡，從夏、商、周流傳下來的書，大部分都被燒掉了，只在咸陽留下一套專供學者研究的書籍，以及秦國史官寫的史書。至於普通黔首，敢談論《詩經》、《尚書》和諸子百家，馬上抓到鬧市斬首。

秦始皇為了國家長久，有自己的一套焚書邏輯，但是焚書差點斷掉中國文明的根基。如果沒有書籍裡的知識和故事，人民的精神世界就是一片空白，那些「自古以來」的東西，又在何處？

書籍傳承文明，而文明塑造國家。

秦始皇站在歷史的轉捩點，想和以前的時代徹底割裂，按照自己的方式重振朝綱，卻以簡單粗暴的手段，幾乎毀了大秦。他發出多大的力道，就要受到多少反作用力，從沒有人能跳出歷史的規律，求仁真的未必得仁。

不過秦始皇沒有走極端，起碼給中國文明留了一套備份。

直到七年後，項羽帶著四十萬諸侯大軍進入咸陽，不僅屠了秦國王室，還放一把大火燒了咸陽，秦始皇複製的七百多座六國宮殿、七十萬人勞動尚未建成的阿房宮、中國僅存的一整套書籍，全部付之一炬。

居數日，項羽引兵西屠咸陽，殺秦降王子嬰，燒秦宮室，火三月不滅；收其貨寶婦女而東。

——《史記・項羽本紀》

項羽望著三月不熄的大火，感覺非常解恨。他才二十六歲，剛把頭髮梳成大人的模樣，就有破敵滅國的成就，怎麼可能不驕傲？然而項羽的驕傲，讓中國文明再次遭受劫難，和秦始皇焚書不同的是，這次再也沒有備份了，那個已經成體系的中國文明，在咸陽的大火裡煙消雲散。

可以說，二千二百年前的中國，第一次處於最危險的時刻，稍有不慎，中國文明便徹底斷代了。

沒有輝煌歷史和偉大文明的國家，又如何讓人發自內心地驕傲？

2

萬物皆有裂痕，那是光照進來的地方。

二千二百年前的書是奢侈品，很多學問高深的人，一輩子也只能讀幾本書，和現在暢銷書泛濫的時代完全不同。於是在秦始皇焚書的時候，很多學者捨不得燒掉視若生命的書籍，便冒著生命危險藏書。

雖然一不小心就被斬首，但他們還是做了，在他們看來，書比命重要。

秦國博士伏生利用職務之便，把竹簡寫的《尚書》裝滿一車，帶回山東濟南故鄉，藏在房間的牆壁裡，等待將來重見天日。

四年後，陳勝喊出「王侯將相，寧有種乎」的口號，天下大亂，齊國田氏的人起兵復國，自封為王侯將相，亂成一團。隨後項羽分封諸侯，第一個起兵反叛項羽的，也是齊國田氏，於是項羽揮師北上血洗齊國，放火燒城池房屋，甚至坑殺降卒。

（項羽）遂北燒夷齊城郭室屋，皆坑田榮降卒，系虜其老弱婦女。徇齊至北海，多所殘滅。齊人相聚而叛之。

——《史記・項羽本紀》

不知項羽是不是命裡缺火，怎麼到哪兒都要放火……

在這場亂世裡，齊國是重災區，伏生在故鄉活不下去，便帶著老婆孩子到處流浪，躲避一場又一場的兵災。等劉邦平定天下，山東先後成為韓信、劉肥的封國，伏生才回到故鄉。

西元前一九一年，漢惠帝廢除秦始皇頒布的「敢有挾書者族」的命令，允許民間自由傳播《詩經》、《尚書》等典籍，這才為中國文明的傳承打開一條縫隙。

短短二十二年時間，早已物是人非。

伏生扒開曾經藏書的牆壁，發現大部分竹簡都壞了，不是被老鼠和蟲子啃噬，就是自然腐敗，那些寫在竹簡上的文章，也拼湊不起來了。

伏生苦心孤詣地整理，才搶回二十九篇文章，這就是流傳到現在的《尚書》底本。

> 秦時焚書，伏生壁藏之。其後兵大起，流亡，漢定，伏生求其書，亡數十篇，獨得二十九篇，即以教於齊魯之間。
>
> ——《史記・儒林列傳》

當時中國各地都有伏生一樣的人，他們從地窖、牆壁、荒野、祖墳裡，翻出埋藏多年的竹簡，重新整理出殘缺的典籍。雖然大部分都找不到了，但有總比沒有強，要是再過二十年，伏生這代人都去世了，再也沒人記得竹簡藏在何處，中國文明才真的斷了。

我們之前說秦始皇差點毀了中國，就差在這一點，好在仁弱的漢惠帝和護書如命的伏生等學者，幫中國接上了差點斷掉的文明脈絡。

天下太平，自然要追求文治。

當初劉邦入咸陽的時候，很多將領直接跑到秦宮摟美女、喝美酒逍遙度日，趁機撈好處，樊噲和張良怎麼勸都沒用。唯有蕭何不喜歡財富，反而命令士兵封存秦國府庫，搶到秦國用一百多年積累的戶口、田畝、政令等文書檔案。以後幾年時間，蕭何帶著這批檔案南下漢中，接著又回到關中。

漢朝平定天下以後，蕭何為劉邦營造未央宮，順便在未央宮附近建造石渠閣，用來存放秦國的文書檔案，其實這就是個初級圖書館。

伏生回鄉、蕭何造石渠閣陸續進行，漢朝政府也開始廣開獻書之路，號召家裡還有藏書的學者，抄一份給朝廷，或者直接到長安講學。這件事從漢文帝、漢景帝、漢武帝到漢成帝一直在做，持續近二百年，而漢朝政府收集來的藏書，就放在未央宮旁邊的石渠閣。

漢朝君臣在石渠閣講經論道，談論治國政策和學術，而且司馬遷寫《史記》，也是讀遍石渠閣藏書才寫的，可以說，是石渠閣成就了漢朝的文治武功。

經過近二百年藏書，石渠閣的典籍堆積如山，中國文明才稍微恢復元氣。但是有些東西，永遠消失在項王的煙火裡，再也找不到了。

3

隨後千年，中國文明始終在毀滅、重聚的輪回中曲折前進。

西漢末年王莽篡位，起義軍攻入長安，漢朝用二百年恢復的石渠閣典籍，大部分毀於戰火。東漢用二百年時間重新恢復典籍，又在三國前夕、董卓遷都長安的時候，和洛陽城一起燒毀。那些流落民間的布帛書籍，也被軍人搶走做成布包，用來裝零碎東西。

曹操掃平中原，重新整理典籍。他知道學者蔡邕藏書很多，女兒蔡文姬肯定知道不少，便在贖回蔡文姬之後，讓她把讀過的書寫出來。蔡文姬告訴曹操，蔡邕確實留下四千卷書，但是都丟了，現在只記得四百卷。

曹操也沒辦法，那就寫下來吧。

經過曹魏和西晉的整理，中國典籍恢復到三萬卷，但是西晉末年，這些書又毀了，東晉遷都江南，只剩下三千卷。

南北朝的時候，別看南朝四國的武力不行，文治卻非常繁榮。經過百年重新收集，謝靈運寫了《四部目錄》，共記錄典籍六萬五千卷，到梁元帝時國家藏書十四萬卷，可謂前無古人。然而侯景造反殺入建康城，只剩下四千卷。

北方經過混亂年代之後，有了穩定的政權，也開始重聚典籍恢復文明，隋煬帝時代達到三十七萬卷書。倒不是中國的書突然變多了，而是隋煬帝擔心典籍失散，每部典籍寫了五十個副本。

但是隋煬帝的苦心，被隋末亂世給毀了，只留下洛陽的八萬卷。

就這八萬卷也沒保住。

李世民在「虎牢之戰」後攻克洛陽，準備用船把八萬卷書運回長安，卻在河裡觸碰暗礁，這些書好多沉到河裡去了，留存下來的不足百分之二十。李世民登基，唐朝進入上升階段，魏徵等人開始收攏典籍，不是從民間買書，就是請學者背誦，到唐玄宗開元年間，恢復到五萬二千卷。

接著就是安史之亂，散亡殆盡。

晚唐重新收集到五萬六千卷，這些書在黃巢之亂的時候，和長安城一起毀於戰火。《舊唐書》裡的記載非常淒慘：「尺簡無存」、「所傳無幾」、「平時載籍世莫得聞」。

此後北宋重新收集，很多毀於「靖康之恥」，南宋文明恢復，這些書又毀於蒙古入侵。從秦始皇焚書到蒙古入侵，明朝胡應麟稱為「十厄」。

國興書聚，國亡書散，中國文明的命運大致如此。

承載中國文明的典籍不斷消散，卻又不斷重聚，很多典籍都消失不見了，但那些中國文明的核心，如《論語》、《孟子》、《史記》、《漢書》等典籍，卻經過無數劫難，最終流傳下來。

歷經三災九劫，中國文明歷久彌堅。

時間進入明朝，朱棣作為中國歷史上第一個造反成功的藩王，決定做出前無古人的業續來「洗白」自己，便想修一部巨著造福萬代。他命令解縉主持編纂一部大典，要求是包括上古以來的經史子集等著作。總之一句話，把中國能找出來的書都編進去，保存中國文明。

經過四年的努力奮鬥、三千名學者的編纂，這部書終於在一四〇七年定稿，朱棣賜名為《永樂大典》。《永樂大典》共二萬二千八百七十七卷，一萬一千零九十五冊，彙集古今圖書七、八千種，可以說是明朝以前的文明總結。

朱棣大概心想，只要中國有《永樂大典》，文明就不會斷了。就算遇到兵荒災禍，還能把《永樂大典》毀了不成？

朱棣想得太簡單了。

中國歷史上毀掉的典籍近百萬卷，可能一場大火，就能毀掉一個王朝幾百年的努力，中國文明無數次走在毀滅斷代的邊緣，能連續不斷地走到明朝，已經是天佑中國了。

區區一部書，在歷史的洪流面前又算什麼？

而且《永樂大典》還有一個致命的問題，就是只有一部「永樂正本」，沒有任何備份，稍微出現意外，朱棣和三千名學者的心血便付諸東流。

直到嘉靖末年，高拱和張居正才選出一百零九名寫手，開始抄錄副本，足足用了五年時間，《永樂大典》才抄錄完畢。

但是後來《永樂大典》的正本突然消失了，有人說是給嘉靖陪葬了，顧炎武說是全部丟了，到底怎麼回事，到現在都沒人弄清楚。等什麼時候開啟嘉靖皇帝的永陵，說不定才能知道事情的真相。

而副本也在不斷丟失，到清朝乾隆年間，只剩下八千多冊，另外三千多冊已經找不到了。一七七二年，安徽學政朱筠上書乾隆皇帝，請求搜集整理丟失的《永樂大典》，用學術界的話說就是輯佚。

乾隆皇帝正處於「盛世」階段，沒理由不同意。於是乾隆皇帝下令，將輯佚的書與各省所採武英殿所有官刻諸書，統統彙編到一起，賜名為《四庫全書》。

二十年後，《四庫全書》完成，共收錄書三千四百六十種，七萬九千多卷，三萬六千冊，共分為經、史、子、集四部，是中國有史以來最豐富、最完備的大典，屬於中國文明的集大成者。

很多人覺得，編纂《四庫全書》的時候毀掉七萬卷書，而且還在書裡修改史料，根本沒什麼可吹的。

其實這件事也要分開來說。

乾隆皇帝確實修改了很多史料，也毀掉了很多書，這是板上釘釘的污點，他跳進黃河也洗不清。但是《永樂大典》流傳到光緒年間，只剩下可憐的八百冊，很多典籍都失傳了，如果沒有《四庫全書》，中國文明就是散亂的、沒有主線的，再加上處於侵略者入侵的年代，很多東西就接不起來了。

乾隆皇帝和《四庫全書》確實有問題，但有書總比沒有強。

《四庫全書》完成以後，乾隆皇帝命令建立紫禁城文淵閣、瀋陽文溯閣、圓明園文源閣、承德文津閣、揚州文匯閣、鎮江文宗閣和杭州文瀾閣，分別珍藏這套大書。

至此，中國文明有了七份。

4

在治亂循環的古代中國，除了國家定期整理恢復典籍，民間藏書也特別流行，正是一代又一代的「伏生」在朝廷之外保存了中國的文明。

到了清朝末年，中國有四大藏書樓：海源閣、皕宋樓、鐵琴銅劍樓、八千卷樓。

海源閣源自錢謙益的絳雲樓，後來絳雲樓失火，剩下的書被述古閣和汲古堂收藏，進入清朝又歸於徐、季兩家，再往後歸於樂善堂，樂善堂主人犯案被殺，藏書大部歸於海源閣。其中宋元珍本有四百六十四部，明清本三千二百一十六種，總藏書二十萬卷。

皕宋樓興起於同治年間，收集了十幾家破產藏書家的藏品，數十年積累了十五萬卷書。

鐵琴銅劍樓源自清朝初年。黃丕烈等藏書家破產後，書籍大部分被藝芸書舍收走，清末太平天國和捻軍起義，藝芸書舍破產，藏書一部分歸於海源閣，一部分歸於鐵琴銅劍樓。此外又收了「宋元珍本甲於吳中」的恬裕齋，鐵琴銅劍樓的藏書達數十萬冊，足以和海源閣分庭抗禮。

八千卷樓是最傳奇的。

太平天國攻杭州的時候，文淵閣的藏書流落民間，藏書家丁丙、丁申兄弟抄底買書，大抵買到文淵閣的精華藏書，其中就有八千冊《四庫全書》。眼看文淵閣的《四庫全書》要毀了，怎麼辦呢？

丁氏兄弟開始補書。

他們家是杭州土豪，本來就收藏了天一閣、絳雲樓、藝芸書舍等數十家藏品，家中藏書無數，比《四庫全書》收集的典籍都多。於是在文淵閣重建之後，丁氏兄弟按照《四庫全書》的目錄，用七年時間，大致恢復了文淵閣《四庫全書》的原貌。

此後丁氏兄弟在八千卷樓之外，另外建了後八千卷樓、小八千卷樓，其一藏《四庫全書》收錄的書，其一藏《四庫全書》沒有收錄的書，其一藏宋元明的珍本、善本。三座八千卷樓，藏書超過二十萬卷。

中國文明典籍傳到清末，和朝廷恢復典籍一樣，已經出現越來越集中的趨勢，這四座藏書樓幾乎收藏了最精華的部分。

那這數十萬卷書最後都去哪裡了？

其實都歸公了。

清末民國戰火重燃，再加上洋人侵略中國，導致中國的小農經濟破產，以土地為經濟基礎的地主，幾乎都沒有實力繼續藏書了。

一九〇七年，皕宋樓的陸家破產，藏書以十萬元的價格，賣給日本財閥，當時的人都罵陸家子孫是敗家子。有了這個教訓，不僅國家政府開始收購私人藏書，民間藏書家們也願意賣給國家。不為別的，能維持生活又保存文明，何樂而不為？

在這種大背景下，包括四大藏書樓在內的民間藏書，開始向國家圖書館彙聚。

海源閣的藏書經過幾次劫難，一部分賣給北京圖書館（現中國國家圖書館），一部分捐給山東圖書館，還有一部分被國民黨政府帶到了臺灣。

一九〇七年，兩江總督端方成立江南圖書館（現南京圖書館），為了防止古籍外流，把八千卷樓的藏書全部買來，藏入公立的江南圖書館。

鐵琴銅劍樓的藏書散落不少，剩下的全部進入北京圖書館。

這四大藏書樓的書，凡是情況允許的，都歸國家了。

而其他藏書豐富的學者，或賣或捐，基本上也都歸於國家所有。

一九一九年梁鼎芬去世，其子捐獻六百箱書給廣東省立圖書館。一九二九年梁啟超去世，四萬冊書永遠寄存北京圖書館。

一九四九年傅增湘去世，雙鑑樓藏書捐贈北京圖書館、四川大學圖書館。

一九五一年潘世茲從香港運回家傳的宋版珍本，捐獻給北京圖書館。

其他如天一閣、嘉業堂、玉海樓、五桂樓等私人藏書樓，都在新中國成立後，將不少私家藏書捐獻給了國家圖書館。

百川歸海，萬卷歸國。

自秦始皇和項羽焚書起，承載中國文明的典籍，經過二千二百年不斷毀滅重聚，終於在官方層面以《四庫全書》的形式總結，民間層面以捐獻歸公的結局落下帷幕。

5

全世界都有一個疑問：中國文明為什麼能夠延續五千年，從來沒有間斷過？

其實中國文明面臨很多次劫難，每次都是命懸一線，稍有不慎便會文明中斷，從此不知祖先的豐功偉績，也不知道自己從何處而來。

但中國有一個優秀傳統：珍惜典籍。

不論是歷朝歷代不斷重修經典，還是伏生等學者以死護書，或者明清地主私人藏書數十萬卷，都在最大限度上保存了中國典籍。不管他們各自有什麼目的，起碼中國文明的載體是守護住了。

只要其中有人偷懶，中國就不是現在的中國，然而他們歷經數千年，卻不約而同地做出相同的選擇。

這就是烙印在中國人骨子裡的基因：書在，人在，國就在。

哪怕是國破家亡，哪怕是神州陸沉，只要有一個人、一本書，這個國家就沒有亡。而這些典籍流傳至今，我們才能知道自己來自何處，未來將去往何方。

正是伏生、曹操、蔡文姬、謝靈運、李世民、朱棣和丁氏兄弟等無數護書人的努力，才成就了中國文明五千年不朽，並且將繼續傳承下去。

不只是國家，更是文明

1

司馬遷在《史記・五帝本紀》裡，開篇就是一段冷峻的描述：

軒轅之時，神農氏世衰。諸侯相侵伐，暴虐百姓，而神農氏弗能征。於是軒轅乃慣用干戈，以征不享，諸侯咸來賓從。……以與炎帝戰於阪泉之野，三戰，然後得其志。蚩尤作亂，不用帝命。於是黃帝乃徵師諸侯，與蚩尤戰於涿鹿之野，遂禽殺蚩尤。而諸侯咸尊軒轅爲天子，代神農氏，是爲黃帝。

儘管司馬遷的筆調平淡，但這個故事的背後，卻是屍山血海，不知多少部落消散於時光深處。

那些在戰爭中殘存的部落，也徹底失去獨立性，成為黃帝大旗下的一員，就連炎帝都不能倖免，被黃帝部落兼併。

這是中國文明的開端，也是中國大一統的萌芽。

當然，黃帝能做天降猛男不是巧合，而是中國的地理成就了黃帝的事業。看看幾個地名就明白了，他們征戰的地方是華北平原，也就是河南、河北、山東和山西，那些地方以平原為主，即便有一些高山大河，也不屬於天險。

這種地理環境，非常適合人類大規模流動，當然也適合出兵作戰和日常管理。在交通基本上靠走的年代，一條平坦的路太重要了，稍微惡劣一點的地理環境，就能打消人類的一切妄念。

所以歐洲那種四仰八叉的地方，很難在生產力不發達的年代，出現大型政權。雖然後來冒出一個羅馬，但在羅馬分裂之後，地理因素導致重新統一的難度非常大。

而黃帝征戰的結果，便是大規模的部落融合。

比如番茄部落在河南謀生，某次作戰敗給追隨黃帝的西瓜部落，自然成為西瓜部落的奴隸。比如山東的煎餅部落，原本跟著炎帝混，後來被黃帝兼併，順其自然就做了黃帝的部下，以後可以用聯姻的方式，和南瓜部落越走越近。

這兩種方式都是部落融合，幾百年後，終於形成華夏族。

一塊平坦的土地、一個融合的族群、一個世代傳承的統治家族，這就是在世界搏殺的遊戲裡，中國得到的開局神裝。從此以後，中原先民點亮種地和組織的種族天賦，像滾雪球一樣越來越大，對周邊的散裝部落形成降維打擊。

其實中國更講究文化共同體的概念。

2

中國的文化共同體來自秦皇漢武。

按照《史記・秦始皇本紀》的說法：

分天下以爲三十六郡，郡置守、尉、監。更名民曰黔首。……收天下兵，聚之咸陽，銷以爲鐘鐻，金人十二，重各千石，置宮廷中。一法度衡石丈尺。車同軌，書同文字。地東至海暨朝鮮，西至臨洮、羌中，南至北向户，北據河爲塞，並陰山至遼東。

簡單說就是車同軌、書同文、統一度量衡，並且在長城以南，建立起完整的國家機器。秦始皇把黃帝以來三千年積累的人口、土地、文化和技術，統統打包到一個筐裡，以後不管是颳風下雨還是電閃雷鳴，都要在這個筐裡活動。

在秦始皇的年代，這是從來沒人做過的大事業，雖然很多人不認同，但秦始皇依然橫下一條心做了。

這還不是秦始皇最厲害的地方。

秦始皇最厲害的地方在於，他為後人樹立了統一的範本，讓不明所以的人知道「這也行」。而中國人看到統一的可行性，對於國家的心理閾值，肯定提高了嘛。

以後不管中國亂成什麼樣子，總是不由自主地向統一靠攏。

但秦始皇的手段太硬，最終玩崩了。經過漢朝幾十年的休養生息之後，漢武帝取出「獨尊儒術」的祕笈，替秦始皇打造的國家機器戴上口罩。

從此以後，國家和人民不是對立關係，而是互相合作的關係。

比如，秦始皇說百姓就是奴隸，要你幹什麼就幹什麼。漢武帝以後的皇帝不會這麼生硬，而是說國家是為了百姓過好日子，你們老百姓也要配合呀。這麼一說，是不是心裡舒服多了？

而且這套儒家學說，不是皇帝們藏在被窩裡看，而是流傳到大江南北，盡可能讓天下人都來學習，並且做了考試教材。以中國人的性格，但凡什麼東西變成考試教材，很快就從搞怪青少年升級為翩翩佳公子了。

這種國家機器和儒家學說的結合，為中國人形塑了一個共同體的概念。

試想一下，方圓萬里的土地上生活著幾千萬人，他們說相同的話、讀相同的書、做相同的事、有相同的敵人、信奉相同的價值觀，這能凝聚起多麼強大的力量。

做過管理的人都知道，想團結幾個人的小組都很難，把幾百人的公司擰成一股繩更難，何況幾千萬人的國家呢？

除了中國，這在世界其他地方是無法想像的。

我們已經習慣了，歐洲人卻想破腦袋也想不明白。因為他們的祖先沒有經歷過，也就沒有任何精神記憶的傳承，難以感同身受。

而這種精神記憶永遠在中國人的腦海裡。

哪怕國破家亡，倖存的人只要有一點機會，都會站出來，嘗試復興這個國家。

這就是中國兩千年不滅的底氣。

3

中國人不信鬼神，但是信祖宗。

這是周朝留下的遺產，關於以復興周禮為小目標的孔子有一句話，「子不語怪力亂神」。意思是，你可以信鬼神，但要留個心眼，別被糊弄得暈頭轉向了。

既然美好生活不是上帝恩賜的，那就是自己打拚出來的，而且能有一點成績，還是祖宗積德保佑。所以中國人特別講究傳承。

歷代皇帝經常說，不好好工作，怎麼對得起列祖列宗啊？

普通人犯錯以後，覺得死後沒臉見先人，而有了一點成就之後，也想著幸虧祖宗保佑沒給先人丟臉。

現在的學生考試成績不好，心裡想的是什麼？大概是「哎呀，對不起父母栽培」吧。這就是中國人骨子裡「敬天法祖」的基因。

西方人信上帝恩賜，中國人相信祖宗積德，更相信自己親手創造。那些大家族和名人，都在標榜自己的歷史多麼悠久，現在發家致富的人們，心心念念的也是修族譜，本質上都是對祖宗和傳承的致敬。

每個中國人如此，由中國人組成的國家當然也是如此。

把「敬天法祖」的理念放大到國家層面，便是重視歷史。

歷代王朝最重要的大事是修史，當然不是朝廷君臣閒得無聊，而是修史代表繼承前朝法統，告訴祖宗和人民，以後本朝才是正統。每個朝代修一、兩部史書，一部「二十四史」，就是連綿不絕的中國。

所以中國王朝的使命不是另起爐灶，而是接過自黃帝以來的法統，守護中國的人口、土地和文化。從來沒有哪個王朝，敢說和前朝沒有任何關係，如果誰說這種話，馬上就有人問：

「請問國家的制度和文化是從哪兒來的，你的祖宗是從哪裡來的？」

這就難以回答了。

中國的源頭是炎黃，一切都是炎黃傳承下來的，請問怎麼另起爐灶？如果不承認就是歷史斷代，很多事情會說不清楚。

梁啟超嫌棄中國沒有人民的歷史，吐槽中國二十四史是二十四姓之家譜，但是反過來看，有，總比沒有強。

西方學者說，歐洲國家都有一個明確的起源，唯獨中國沒有。其實這句話不對，歐洲國家的歷史比較短，國家起源有明確記載，而中國的源頭在炎黃時代，屬於「自古以來」。

正因為這種「繼承」的屬性，中國的王朝，潛意識裡給自己的使命便是：不能對不起祖宗。

這就是我們的文明。

這就是我們的國家。

4

中國以前不重視民族的概念，直到近代，人們才明白民族的重要性。

前些年有人想以此證明中國落後，不知他們有沒有想過，雖然中國不總是提及民族的概念，但中國講究「天下」二字，「天下」才是中國最核心的理念。

什麼是天下？

《史記．五帝本紀》裡的「日月所照，風雨所至，莫不從服」，《詩經》裡的「普天之下莫非王土，率土之濱莫非王臣」。

這就是天下。

只要沒越過大氣層，地球上的每一寸土地，都是天下。

西方的民族主義有明確的邊界，就是相同血緣和來源的族群，屬於一個民族，而一個民族可以成立一個國家。民族國家之間，彼此井水不犯河水，誰都別來煩我，更不要說什麼統一歐洲的話。如果誰想滅了我，那得問問我手裡大刀答應不答應。

歐洲的民族主義，為每個國家和民族劃定了界限，可以保護自己，但也給自己畫了一個牢籠。近代歐洲的征服戰爭、歐洲不團結、歐盟始終不能成為政治實體，其實都和民族主義有關係。

而中國的「天下」是沒有邊界的。

不管你來自什麼族群、什麼膚色、出生在什麼地方，只要信奉中國「仁義孝悌」、「愛國愛家」的價值觀，中國都歡迎你。什麼時候不信奉中國的價值觀了，哪怕你有中國的戶口，也在精神上被開除國籍了。

韓愈在《原道》裡說的：孔子之作《春秋》也，諸侯用夷禮則夷之，進於中國則中國之。（對於採用夷狄文化禮俗的諸侯，就把他們列入夷狄；對於採用中原文化禮俗的諸侯，就承認他們是中國人）其實就是這個道理。

這種不設邊界的天下理念，才是中國同化能力強大的根源。

即便國破、家亡、人口銳減，只要這套價值觀在人們的心裡，遲早會吸引更多認同它的人，然後重新崛起。

舉個例子。

馬斯克（Elon Reeve Musk）[8]不是發明一個記憶儲存嘛，把人類記憶上傳到雲端平臺，做到間接永生。其研究人員表示，這個雲端技術唯一就是沒有可供上傳記憶的肉體，而對中國而言，把記憶上傳到雲端平臺，用哪一個肉體都無所謂。

國號可以是秦、漢，也可以是唐、宋，使用記憶的可以是東北老鐵，也可以是江南妹子。這種記憶就叫文明。

中國從來不只是一個國家，更是一種文明。

歐洲系國家想征服人心，總是需要一種主義，比如自由主義、民族主義、資本主義，什麼時候主義幻滅了，國家也就坍塌了。

美國用資本主義做立國之本，將來資本主義價值觀崩潰，美國一定衰亡。

中國自古以來就信奉「仁愛孝悌、愛國愛家」，這種人類內心最樸素的東西，反而不受條條框框的限制，是人類社會的最大公約數。

這種最樸素的價值觀加上不設邊界的天下理念，數千年來同化了無數周邊蠻族，中國不僅沒有滅國，反而越來越強大。

8 編按：美國最大電動車公司特斯拉（Tesla, Inc.）執行長及投資人，並投入研發人工智慧及人機介面。

不設邊界是最大的邊界。

這就是《莊子・大宗師》裡說的：藏天下於天下。

天下無邊無際，中國文明把自己化為天下，請問，哪個國家能消滅中國文明？

唯有如此，中國才能永遠存在。

5

西方的民族主義，對他們來說很正常，因為他們就是那樣的國家嘛。

他們根本不懂中國。

中國有炎黃傳承的法統、有秦皇漢武打造的精神記憶共同體、有歷代先賢不斷傳承至今的國家、有「天下」理念和仁孝價值觀……這些東西共同構成獨一無二的中國，根本不是西方的民族主義能衡量的。

所以說，中國和歐美國家是兩套完全不同的文明體系。

歐美是國家發生文明，中國是文明誕生國家。

中國決不能亦步亦趨，什麼都以歐美國家為標準。

我們既然有五千年的文明，這點自信，中國有。

貴人的價值投資

1

以前認識一個退伍回家的大哥，有次聊起一個話題：最厲害的人是什麼樣子。我和其他朋友說了幾個觀點，但都不能服眾。

最後退伍大哥說話了：「想收手就收手的人最厲害，比如你去賭博，哪怕只贏了一毛錢也能克制繼續賭的欲望，見好就收，這才是最厲害的。」

我們幾個同伴聽了，紛紛表示服氣，大哥就是大哥。

現在看這句話，算是雞湯文學的常用套路，但是十幾年前卻給我很大的震撼，讓我幼小的心靈久久不能平靜。從那以後就知道了，不管做什麼事情，一定要及時止損，想收手就得能收手。十幾年來，我實踐得還不錯，有什麼不順利的事情，趕緊割肉逃生，大抵沒栽過大跟頭。

這句話給我的人生設置了保險桿，雖然和退伍大哥已經失去聯繫，但我依然覺得，那大哥是我的貴人。

有時候我也在想，那些歷史書裡的主角，為什麼走的每一步都有貴人相助？比如泗水亭長劉邦，到酒席上混吃混喝，結果被呂大爺看中，不僅沒把他轟出門外，反而送了一個黃花閨女做老婆。曹操年輕時渣得要死，橋玄卻說，平定亂世的人非你莫屬啊。北齊神武帝高歡是要啥沒啥的窮小子，出門走了一圈，被白富美婁昭君發現，發誓非高歡不嫁，從此高歡有了起家的資本。

如果說他們的開掛人生，純屬運氣爆棚，我是不相信的。

運氣可能一時有用，但不能讓人順利一輩子，除了運氣以外，那些人物肯定有什麼過人之處，只是被刻意隱藏起來了。經過多年思考，再加上自己「從來沒撿過五塊錢」的慘痛經歷，對於貴人相助的問題，也算有了一點想法。

在這裡就和大家分享一下，希望大家也能遇到貴人相助，進入人生的上升通道。

2

想要別人幫助，你必須有一點特長。

這裡說的特長，能力出眾肯定是其中的一種，但能力需要在事業中表現出來，一文不名的年輕人哪來的事業？即便你在業內做得不錯，跨行業的大佬也未必懂啊。

所以特長也可以是其他方面的東西，比如膽大包天、思維縝密、氣質出眾等，甚至是語文、數學的成績特別優秀，這些都能得到別人的關注。

大家在學校的時候，一定見過老師對某個學生特別偏心吧，這其實很正常。雖然老師是園丁，但對於極個別出眾的學生，肯定偏愛多一點，那麼分給其他人的自然就少一點。能量守恆定律，永遠是存在的。

漢高祖劉邦是草根逆襲的典型，那他有什麼特長呢？

據司馬遷的說法，劉邦的特長就是心大。

那時呂大爺在故鄉和人結仇，因為和沛縣縣令是朋友，便舉家搬遷到沛縣謀生。沛縣的鄉紳豪族聽說縣令有客人，趕緊上門巴結，給足縣令面子。

客人來得太多，便要辦酒席。司儀蕭何訂了一條規矩，禮金不滿一千錢，只能坐在大堂下面。所有人都量力而行，按照蕭何的規矩坐下吃飯，畢竟此行的目的是在禮單上留下名字，讓縣令知道我來了，吃飯不是最重要的。能隨手出一千錢的，誰家缺大米？

結果劉邦來了以後，渾身一個銅板都沒有，卻隨口說一句「賀錢萬」，呂大爺聽到有人送了一萬錢禮金，驚呆了，趕緊出門相迎。

事情發展到這裡，並沒什麼特別的地方，能出一萬錢的人不多，但也不是沒有，無非是銅臭十足的土豪而已。

很快，呂大爺發現劉邦的不同之處了。

蕭何告訴呂大爺：「劉邦是個大騙子，根本沒有一萬錢，您千萬別太當真。」劉邦也無所謂，反正到了大堂，那就該吃吃該喝喝，一切順其自然，甚至趁著酒勁欺負別人，到處開玩笑。別人都在想，當著縣令和呂大爺的面，這人怎麼不要臉呢？萬一留下不好的印象，這次不是白來了？劉邦不在乎，我開心就行，管他什麼大爺呢。

隨後便是呂大爺說話了：「老劉，你要老婆不要，只要你開金口，我馬上給你送來。」

劉邦：「那你就送來吧。」

按照司馬遷的說法，呂大爺懂相面，發現劉邦「隆準而龍顏」的貴人相貌，才把女兒許配給他，但我覺得是為尊者諱。高鼻梁的男人太多了，不可能都是貴人相貌吧？事實上，呂大爺看重劉邦的地方，正是這份「滿不在乎」的氣度。

換位思考一下，公司董事長請員工吃飯，大家都緊張得要死，看到想吃的菜也不敢轉桌子，這時候有個員工來了，在董事長的旁邊加一副碗筷，吃飯喝酒嗨到飛起，並且和董事長插科打諢說各種笑話，炒熱酒席的氣氛走向高潮，最後賓主盡歡各自回家。如果你見到這種人，是不是也覺得：此人不簡單。

對，這種氣質就是劉邦的特長。

所謂特長，就是和其他人不一樣的地方，只有和其他人不一樣，你才是特立獨行的你。大部分人都是沒有稜角的普通人，只要你有一點出類拔萃的地方，就能很快提升曝光率，有了曝光率，得到貴人相助的機會是不是就大一點？

換句話說，想得到額外的資源，你得想辦法把自己推銷出去。

對於小人物來說，最直接的辦法就是提升某項特長，在特定領域超越其他人，為自己打造一個向上進階的平臺。這樣一來，大佬就很容易發現你了。

如果沒有貴人相助，根本原因不是人家沒有眼光，實在是你自己太普通了，以至於人家都找不到欣賞你的地方。

既然找不到欣賞你的地方，那人家為什麼要幫助你？做一件沒有任何結果的事情，恐怕沒人願意吧。就像你不會教乞丐微積分一樣，雖然乞丐也想學習進步，但你知道，教他微積分恐怕是沒有結果的。

從這個角度也能說明，為什麼顏值高的俊男靚女，在求職和競爭方面有優勢？因為高顏值就是他們自帶的天賦，別人根本沒辦法超越。

總之就是一句話，向上走的每條路都拒絕平庸。

3

有特長的人容易得到貴人相助，那貴人為什麼要仗義相助呢，或者說貴人幫你到底圖什麼？要知道大家都很忙的。

其實原因也簡單：價值投資。

大佬幫助年輕人，自然也不是無緣無故的愛，而是為了獲得豐厚的收益呀。

他們為你指點迷津，給錢、給物資，甚至直接把女兒嫁給你，潛意識裡就認為，幫助這個年輕人，以後有極大可能獲利豐厚。

所以想得到貴人相助，你得有一定的潛力，讓大佬相信，此人以後一定能做成事，只是需要人推一把而已。

還是用劉邦來舉例。

呂大爺收劉邦做女婿，當然是看重他的獨特氣質，但只有獨特氣質遠遠不夠。有特長和與眾不同，只是向上進階的門檻，主要作用是篩選不合格的人。等邁過這道門檻以後，還要過兩道關卡。

第一道關卡是職業、性格、社交圈等外部因素。

劉邦是泗水亭長，屬於基層公務員裡的領導幹部，管理十里地方，主要負責治安、抓小偷、協調鄰里關係等工作。雖然都是些家常瑣事，但非常考驗綜合能力，要是有性格靦腆、遇事不敢出頭的弱點，根本沒法完成工作。

但是劉邦做得很好。

作為秦末的老江湖，呂大爺肯定知道，能勝任亭長職務意味著什麼。最重要的是，亭長劉邦和縣吏蕭何的關係好，說明劉邦的社交圈不局限於泗水亭，而是在整個沛縣都能吃得開。這樣的人，不管做什麼都能成功的。

他在亭長的職位上做到極致，基本上已摸到了向上進階的天花板，那麼呂大爺收劉邦做女婿，用自己的資源和人脈拉一把，劉邦就能輕鬆突破天花板，百尺竿頭更進一步，然後和呂家一起攜手壯大。

這是雙贏的結局，豈不美哉？

如果劉邦沒有成長的潛力，在滿堂鄉紳豪族裡，呂大爺憑什麼欣賞他？要知道，沛縣縣令也想和呂大爺做親家。說到底，無非是沛縣縣令的兒子沒出息，是個坐吃山空的二世祖，而劉邦是潛力股。

所以說，有投資價值的潛力股才能遇到貴人。

第二道關卡是知恩圖報。

這點很重要，對於大佬和年輕人，都是決定成敗的關鍵因素。畢竟大佬耗費精力資源，是希望收到回報的，萬一折騰半天，卻培養了一頭白眼狼，回頭反咬你一口，豈不是虧大了？

所以歷史上出現很多次雷同的場景。

年輕人求大佬幫忙，大佬根本不為所動，你的死活關我何事？直到大佬遇到棘手的問題，年輕人不顧生命危險，幫大佬衝鋒陷陣。大佬才明白，我對他的態度非常惡劣，年輕人卻不計前嫌，厚道人啊。從此以後，年輕人終於走上快車道。

這裡面的關鍵在於，大佬認為年輕人厚道。

厚道說明品性優秀，幫他一點，他願意十倍百倍地報答，而不是翅膀硬了就把投資人踹開。這樣的年輕人，誰不喜歡？即使能力有限，沒有大佬願意投資事業，生活中也能交到很多朋友，有什麼事，大家也願意幫忙。因為幫助厚道人，其實就是幫助自己。說不定哪天自己走背運，也能找厚道人幫一把呢。

前些年網際網路創業高潮的時候，很多創業的年輕人到處融資，而階位高的投資人也說得很明白：投資，其實就是投人。一是創業者有沒有成功的潛力，二是觀察拿錢的人品性如何，如果兩樣都過關，那麼融資就順利，只要有一樣不過關，就往往不歡而散。

「知恩圖報」是玄學問題，沒有量化的標準，非常考驗投資人的眼光。

不過對於年輕人來說，在能力範圍內，最好做個厚道人，路才能越走越寬。那種迷信「厚黑學」的人，遲早死在自己手裡。

4

「貴人相助」是一件溫情的事，前面說得冷冰冰的，沒有一點人情味，那有沒有不功利的情況呢？

也有。

人是感情動物，再冷漠的人，也會在某個時候卸下防備，心裡升起沸騰的熱血。而貴人和大佬動感情的時候，便是在努力的年輕人身上看到曾經的自己。

每個走上人生巔峰的大佬，都是從年輕的小人物開始，一路披荊斬棘走過來的，當他功成名就以後，看到同樣努力的年輕人，會想起自己的艱苦歲月，於是產生一種同情心。

經過幾次試探，一旦發現年輕人與眾不同，並且有潛力、懂得知恩圖報，他願意把自己的經驗說出來，告訴年輕人，哪些彎路不能走，事情應該如何去做。

此時，他的目的已經不是投資了，而是幫助年輕時的自己，彌補自己年輕時的遺憾。

這種溫情的「貴人相助」非常難得，可是一旦遇上，就是年輕人的「真・福報」。

他們在精神層面產生的共鳴，完全沒有功利的成分，只是希望年輕人把自己沒有走完的路繼續走下去。如果年輕人沒有止步，那麼大佬的生命也在延續。

這才是最高層次的貴人。

物質終會死去，但精神永存。

5

說了這麼多，其實總結起來只有一句話：想要貴人相助，先得自己爭氣。

只要比周圍的人強一點，就能積累到一點資源，然後逐漸打怪升級，走上人生進階的快車道。

殘酷的二八定律，在哪個領域都是通用的。與其說二八定律不公平，不如把自己放到二八定律的框架裡，讓殘酷的定律為自己服務。

如果實在運氣不好，努力多年都遇不到貴人相助，不能飛黃騰達年入十億，其實也沒什麼關係。因為你在正確的方向上，用十年的時間持續做一件事情，不可能沒有成就，無非多少而已。

那麼從某種意義上來說，你已經比之前的自己成功了。

到那個時候，你用多年積累的經驗和閱歷，隨手指點一下走相同道路的年輕人，足以讓他感激涕零，然後兩眼巴巴地望著你：「這是我的貴人啊。」

文人的使命

1

諸子百家是中國第一批頂級文科學者，從某種程度上說，他們的理論和著作，打造了中國人的精神內核，我們的思維方式和做事動機，無不從這批頂級文科學者而來。

什麼是頂級文科學者，簡單舉幾個例子。

夏朝末年君主是夏桀，平時不努力工作，不是喝酒撩妹就是欺負窮苦人民，「桀不務德而武傷百姓」，沒多久便人神共憤。有個大臣勸他：「您做個人吧。」夏桀很不高興：「我和人民的關係，就像太陽和月亮，你覺得太陽會掉下來嗎？」

窮苦人民聽說以後，便發出那句著名的政治宣言：「是日何時喪？予與汝皆亡。」意思是，我們願意和你同歸於盡，求你快點死吧。

後來，人民和諸侯都歸順了商湯，發動一場革命戰爭推翻夏朝，並且把夏桀流放到鳴條。

雖然夏桀事後大嘆「吾悔不遂殺湯於夏台」，但是有什麼用呢？得人心者得天下，誰敢讓人民不痛快，人民就讓他一輩子不痛快。

司馬遷把這件事寫進《史記》裡，幾千年流傳下來，每當統治者做了一些不是人幹的事，大家就把這本書翻出來，指著鼻子罵統治者：「你就是桀紂之君啊。」統治者能怎麼辦，只好改正錯誤唄。

記錄典故給後世借鑑，就是頂級文科學者司馬遷的功勞，而且他用半生寫下的書，已經成為「中國從哪裡來」的證據。

春秋時期，孔子和弟子們遊歷到葉國，葉公悄悄找到子路，問他孔子是什麼樣的人，有沒有什麼弱點。子路沒說話，孔子知道便對子路說：「你為什麼不說我學而不厭，誨人不倦，發憤忘食所以忘憂，不知老之將至？」

孔子的本意，是要子路在葉公面前誇獎他。

這段話被收錄在《論語》裡，作為古代科舉的必讀教科書，孔子隨口說的一句話，激勵了多少學子發奮圖強？

《論語》裡還有一句經典：「廄焚，子退朝，曰『傷人乎』，不問馬。」

孔子做官的時候退朝回家，發現家裡馬廄失火，趕緊問大火有沒有傷到人，根本不管馬的死活。問人不問馬，說明在孔子的心裡，人比馬更重要，馬死了可以再買，無非花點錢的事，而人的性命是無價之寶。

再加上孟子說的：「民為貴，社稷次之，君為輕」，這些頂級文科學者在群星璀璨的年代，就為中國定下「以人為本」的道德標準。

而在秦國變法的商鞅，用什伍連坐、軍功爵、重農抑商的手段，打造了國家機器的1.0版本，結果秦民大悅，道不拾遺，山無盜賊，家給人足。

以上幾人，你覺得孔子能煉鋼，孟子會做微積分，還是商鞅和司馬遷能寫程式？

他們都不行。

但是他們的理論和觀點，早已浸潤在中國人的骨子裡，成為中國不可分割的一部分，甚至是中國人與生俱來的種族天賦。不管走到哪裡，中國人都會不自覺地用這些理論指導自己的生活。

世界原本是一片荒漠，正是這些頂級文科學者編織的文明搖籃，載著我們走過蒙昧的歲月，以後還要走向星辰大海。

2

頂級文科學者還是指引方向的一群人。

沒有方向，四肢再發達又有什麼用？

民國多少有雄心、有抱負的實業家，一輩子鬱鬱寡歡，因為他們要麼不知道中國未來的方向在哪裡，要麼不知道走哪條路才能救中國。於是很多實業家，在民國年間左右碰壁，成就十分有限，年輕時候說要實業報國，老年依然是國破家亡。

頂級文科學者的數學、物理成績也許不突出，但能用人文社科的知識，為國家找到一條出路，並且告訴實業家和科學家們，怎樣做才能令國家強盛。

所以頂級文科學者的第二個任務，就是研究理論、提出新鮮觀點，為國家找到前進的方向。

理科生確實為國家的科技進步做出貢獻，但從本質上來說，「科技強國」和「為人民服務」都是文科學者理論的範圍。

只有理論上找到方向了，科學技術才有奮鬥的目標。

3

如果沒有方向和路線的約束，技術越厲害的人，越容易作惡。

比如提煉藥物製造毒品，可不是普通人能有的技術，掌握這項本領的人原本應該用技術協助警方緝毒，徹底掃除毒品，但如果走向歧途，技術反而成了某些人害人的手段。

這些技術非常厲害的人，路線和方向錯了，這難道不是作惡？

那文科優秀的人有沒有作惡？

當然是有的。

古代亂世有很多賣國求榮的漢奸、為暴君粉飾太平的無恥文人，他們的文科水準，超過大部分中國人，但幾乎沒有把知識用在正路上，既沒有努力延續中國的文明，也不願意為中國尋找前進的方向，所作所為都是令人唾棄的事情。

北宋學者張載有句名言：為天地立心，為生民立命，為往聖繼絕學，為萬世開太平。其中「為往聖繼絕學」，絕不僅僅是背下先賢著作，做一個行走的書櫃，更重要的是背負起文人的天然使命——對中西學問的思辨、為人民服務的政治立場，以及為中國探索前進方向的責任。

這才是時代需要的文科學者，這也是給子孫後代留下的寶貴遺產。

不要盲目崇拜任何人

1

經常有人隔空比較古代的帝王將相，比如嬴政和李世民誰是第一。

嬴政是開創中國大一統的「祖龍」（秦始皇的別稱），留下的「車同軌，書同文」的遺產一直使用到今天。李世民是光芒萬丈的唐太宗天可汗，用短短二十三年時間，把唐朝推向極高峰，為後世中國人留下一個綺麗的夢。

照道理說，秦始皇和唐太宗都是千古一帝，都是中國歷史永遠脫離不了的人物，為什麼非要比誰是第一呢？

但是長期以來，關於這個問題的討論卻分成幾派。

有的說嬴政開創大一統，是當之無愧的千古一帝。

有的說李世民是天可汗，是帶領中國走出國門的大咖，中國就需要李世民這樣的人，所以李世民才是最厲害的。

還有人說朱元璋才是貧民偶像，開局一個碗，劇終一個帝國，比嬴政和李世民不知高到哪裡去了。

一個不是問題的問題，硬生生被搞得「飯圈化」[9]了。而且這個問題只是冰山一角，現在很多領域都開始飯圈化了。

娛樂圈就不用說了，粉絲為偶像打榜[10]的狂熱勁兒，恐怕一直都難降下來。政治領域也有。雖然說「美國燈塔」熄滅在二〇二〇年[11]，但絲毫不影響某些人的觀念，在他們的心目中，所謂「民主自由」必須是美式的民主自由。他們覺得，凡是和美國不一樣的，肯定是哪裡不對。

於是，這幫人圍繞美國和民主自由，形成政治領域的飯圈化。

民主自由是人類精神追求的更高境界，但是各國有不同的國情，為什麼一定要以美國為標準？

凡是為一件事樹立了絕對標準，並且產生絕對排外性，那不就是飯圈化嗎？

不過我一直有個看法：不要盲目崇拜任何人，也不要把什麼事情都飯圈化。

9 編按：飯圈文化，指一群粉絲組成的組織和團體，自發地為偶像助威或宣傳。飯圈其實就是粉絲（Fans）圈子、粉絲群體的簡稱。

10 編按：指聚集粉絲的力量，讓偶像的新歌在排行榜維持著較高的名次。

11 編按：美國於二〇二〇年退出世界衛生組織，同年疫情達到高峰。中國的輿論，以這一點指稱美國不再是世界強國的意思。

2

關於盲目崇拜這一點，儒生是典型。古代儒生張口閉口就是三皇五帝，在儒生的嘴裡，茹毛飲血的三皇五帝時代，才是人類群星閃耀時。沒生在那個時代，簡直是人生大不幸。要不然就是周公和孔孟的時代，但也到此為止，再往後推就是人心不古的黑暗時代，生在這時候就是悲劇。

為什麼會這樣呢？

距離產生美嘛。

儒生們根本沒有感受過三皇五帝的時代，很容易產生一種不切實際的幻想，進一步便把現實生活中的不如意，排遣到上古聖王的身上。

而且越古老距離越遠，也就沒有什麼可靠的證據，來告訴後人真實的樣子。

於是，朦朧感就像一個美人的背影，看不清正臉的儒生們，喜歡添油加醋地幻想，最終連自己都騙了。

其實呢，背影美人轉過身來能嚇死一頭豬。

比如儒生們幻想出來的三皇五帝，住的是草房子，吃的是半生不熟的粗糧，穿的也是不精美的粗布衣服。

這麼低品質的時代，崇拜它幹什麼？

那些在微博上討論嬴政和李世民誰更厲害的，主要也是生活在現代社會，才有閒工夫品頭論足。真要是讓他們穿越回去，如果是吃不飽穿不暖的黔首，他們對住在宮裡錦衣玉食的皇帝，恐怕是羨慕嫉妒恨居多吧，崇拜是根本談不上的。

很多人對美國抱有幻想，其實也是因為沒有生活在美國，他們喜歡的是想像出來的美國，以及想像出來的民主自由。

而真正生活在美國的人，有一部分已經放棄投票了，因為他們親身感覺到，什麼選票都是虛的，選來選去就那麼幾個人，因此對政治參與是冷感的。

所以偶像往往產生於時間和空間的另一端，一旦偶像在現實生活中露臉，大家馬上發現偶像的真面目：「原來你是這樣的人啊，當初真是瞎了眼。」

因為你知道他是個什麼貨色，他能取得一點成就，基本上是個人能力遇上時代風口，再加上一點運氣，根本沒有外界宣傳得那麼神乎其神。但要是他的日記本能流傳下來，說不定幾百年後也是神一樣的人物。

說白了，還是距離產生美。

當初胡茵夢是臺灣第一美人，李敖愛得死去活來，好不容易抱得美人歸，卻發現女神也要上廁所，那種神祕的美感一下就沒了。

3

認知片面也會導致這種不理智的崇拜。

當一個人對事情認知不全面的時候，往往只看到美好的陽光面，卻忽略了醜陋的陰暗面。或者只看到醜陋的陰暗面，卻忽略了美好的陽光面。

前一種成為網路上盲目崇拜的「腦殘粉」[12]，後一種成為盲目反對的無腦黑[13]。

但任何事情都是美好與醜陋並存的，根本沒有單純的好與壞，要是把好與壞完全切割開，那未免太過武斷了。

比如最近十幾年，很多人看了一些寫明朝的書，就成了所謂的明粉，張口閉口說什麼「天子守國門，君王死社稷」之類的話。在他們的心目中，明朝是歷史上最美好的朝代，一切萬惡的東西都和明朝絕緣。誰要是敢說半句明朝的壞話，不爭論到底不罷休。

但真的全面瞭解明朝以後，就會發現，明朝絕對沒有「粉」們說的那麼好。

其他王朝有的屠戮百姓、濫殺無辜、水旱洪澇、民不聊生、官場貪污腐敗等現象，明朝一個也不少。中國人骨子裡的忠義、愛國、勤儉節約、抵禦外侮等精神，明朝也都有。真要比起來，明朝和清朝沒什麼區別。

12 編按：網路用語，指那些對某個人或者某個品牌之類的事物崇拜至絲毫沒有理智的人。
13 編按：網路用語，指那些不分青紅皂白直接詆毀、謾罵他人的網友，大致和鍵盤俠同義。

其實要破除明粉的盲目崇拜也簡單，看顧誠的《明末農民戰爭史》[14]足夠了，偏偏明粉們不願意擴充認知，只想守著一知半解的教條到地老天荒。

你有什麼辦法？

比如民國。

很多所謂的「民國粉」，其實根本不瞭解真實的民國，他們認知裡的民國，只是上海的十里洋場、杜月笙的揮金如土、軍閥姨太太的旗袍錦繡。他們從來沒有認真讀過民國的書，那些遍地饑荒易子而食的慘劇、民族資本被外國絞殺的無奈以及老百姓被官吏和地主欺壓的血淚……關於這些，所謂的民國粉大概是不知道的。

他們看著電視劇裡的十里洋場，再望著自己局促的陋室，不禁發出一聲感嘆：「民國真的好啊。」

這就是只看到民國的繁榮，卻看不到民國的艱辛，缺乏全面的認知，不瞭解歷史也不瞭解現在的人。

事實上，當你真正瞭解一個人、一件事情、一段歷史的時候，你就很難成為一個不會思考的「腦殘粉」。

到那個時候你就會知道，所有成功都有跡可循，所有失敗也有來龍去脈。

事情的真相，遠比腦補的畫面更無趣。

14 編按：《明末農民戰爭史》，研究明史的重要作品，1984年出版。

既然如此還粉什麼，有做腦殘粉的閒工夫，不如腳踏實地地做點事情，還能離偶像更近一點。

4

不過人都有慕強心理，被仰慕的強者其實就是偶像。

那麼偶像到底有什麼用呢？我覺得偶像存在的意義不是營造排外的飯圈，而是樹立一種標杆，讓粉絲更加認清自己。也就是說，當你看到偶像的時候，會生出一種感覺：這就是我想成為的人。

認清偶像也認清自己的崇拜，就不會導致飯圈行為，而是讓偶像成為自己學習的目標，一點一點向偶像走過去。不像腦殘粉一樣站在原地一動不動，只知道喊口號。

日積月累，你也會成為腦殘粉的新偶像，那些只會喊口號的腦殘粉，終究是沒有前途的。

煙火

歷史，終究是人的歷史。
研究古代的人物興衰浮沉，
相當於重演了一遍他們的人生。
每一段人生都有人間煙火的氣息。
這一點人間煙火，最可貴。

劉邦——綠林出帝王

1

如果大家瞭解歷史，就知道定鼎開國的領袖們，都有一段劍走偏鋒的綠林游俠生涯。

比如漢高祖劉邦，年輕時仗劍千里，跑去魏國投奔信陵君，到了魏國發現信陵君已經去世多年，才回到沛縣故鄉。回家之後，劉邦也沒有努力工作，「常有大度，不事家人生產作業」。

唐太宗李世民，不到二十歲，「折節下士，推財養客，群盜大俠，莫不願效死力」。

明太祖朱元璋就不用說了，端著寺廟發的討飯碗雲遊四方，結識了不少綠林好漢，二十五歲為躲避官兵的抓捕，直接參加了起義軍，成為反抗暴政的「真・綠林英雄」。

這些人沒有一個是正規大學畢業的乖寶寶。

所謂綠林，其實就是江湖，在中國的文化裡，綠林豪傑和江湖俠客是同一個意思，都是反抗強權、劫富濟貧的猛人。

他們往往游離於主流社會之外，不被所謂的「正統」接受，屬於擾亂國家治安的一群人，歷朝歷代都想用招安、圍剿的辦法，撲滅這股強大的反抗力量。

然而劉邦等在綠林中成長起來的領袖，往往有極強的個人能力，面對突如其來的災難，他們能瞬間想到化解的辦法，最終絕處逢生。有時家學深厚、學識過人的敵人，也不是他們的對手，即便在亂世中占據先機，最終的勝利者，一定是在綠林中成長起來的草莽英雄。

那劉邦的綠林生涯，到底學到些什麼東西呢？

我以前沒有真正理解綠林的意思，以為綠林俠客只是敢打敢衝而已，直到有一天突然想明白了，在綠林大學裡學的，歸根結柢是訓練大腦處理危機的肌肉記憶。

肌肉記憶指一旦肌肉受到專業訓練，便可以牢記一輩子，不會輕易忘記這種狀態。而且訓練的次數多了，會形成一種本能或者條件反射，不需要大腦指揮，也能迅速做出最正確的動作。

對於某種狀態或者某個動作，有沒有肌肉記憶，就是專業和業餘的區別。

劉邦的綠林生涯，正是經歷了這種專業訓練。

2

在說這件事之前，我們必須明白，沒有經過「綠林大學」訓練的業餘選手，是如何處理危機的。

我們生活在太平盛世，做的事情都有明確規範。

比如剛生下來，就要按照規定接種疫苗，長大一點要上小學直到大學畢業，而在求學的二十年裡也是按部就班的。什麼時候上什麼課程、老師在課堂上講什麼內容，都是按照教育部規定安排好的，甚至學生違紀要開除，考試成績差就不能升學等，也有明文規定，誰都不能違反。

再長大一點要求職了，你的學歷能找到什麼層級的工作、收入多少等，也是有一些標準的。

在規則明確的太平盛世，大學生往往比不過博士生，窮苦博士生拚不過豪門子弟，這才是太平盛世的常態。

也就是說，社會的各種確定因素，已經設計好了我們的一生，基本上不會遇到非常態的危機。

對於個人而言，最大的危機無非生老病死窮。除此之外，大部分人需要處理的危機非常少，便不可能形成處理危機的肌肉記憶。

於是有些人在遇到老婆跑了、合夥人捲款而逃的危機時，瞬間就慌了，完全沒有想到會出現這種事情，也不知道出現危機以後，到底該如何處理，才能維護自己的最大利益。

而在綠林江湖，以上的規章制度全部作廢。

再也沒有人勸你努力讀書考大學，錢包被偷也不能報警，甚至在路上遇到敵人追殺，你也找不到幫手，能不能活下來全靠自己的能力。

劉邦的綠林生涯，就是這種弱肉強食的鬥獸場，每天都有新的危機，稍微處理不好，就沒有以後的事了。猶如走鋼絲一樣，他必須集中全部精力，走好前進的每一步，小心翼翼地保持平衡，才能一步一步地向終點靠近。

說這些話，一點都不是開玩笑。

劉邦是泗水亭長，屬於沛縣的基層主管，正常工作的時候，屬下一定要聽命令，對吧。但是劉邦送囚徒去驪山的路上，本應該聽命令去驪山的囚徒們，心想去了驪山都得死，大部分人在半路就跑了。

劉邦作為負責護送囚徒的亭長，面對這種非正常情況，根本無法阻止，一點辦法都沒有。這就意味著「正常工作模式」已經作廢了，根本不能用以前的處理方式來處理眼前的危機。

如果處理不好，劉邦自己去了驪山就要負責任，回到沛縣也犯法，橫豎是個死。

怎麼辦呢？

劉邦的處理辦法就是打破常規，既然正常的工作模式已經作廢了，就不能再循規蹈矩，只有另闢蹊徑，才能給自己找到一條活路。於是他對剩下的人說：「公等皆去，吾亦從此逝矣。」

你們都走吧，我不管你們了，從此以後我也要浪跡天涯了。

這麼一句話，劉邦就不再是管理囚徒的泗水亭長，而是和大家一樣，都是秦朝嚴苛法律的受害者，頗有一種「同是天涯淪落人」的感覺。

危機就此化解，「徒中壯士願從者十餘人。」劉邦降低身分改變策略，重新和囚徒們站在一起，經過斬白蛇之後，一群人隱匿在芒碭山。換句話說，劉邦在正常工作模式崩塌時，迅速切換到綠林江湖模式，重新建立起一套秩序。

如果這個彎子轉不過來，將來龍飛九天的漢高祖劉邦，早就死在「新手村」了。

陳勝、吳廣起義以後，秦朝的郡縣都躁動起來，紛紛殺了秦朝派遣的官吏響應陳勝。沛縣縣令發現秦朝的船要沉了，準備跳船逃生，但是蕭何、曹參告訴他：「你是秦吏，突然要帶著沛縣子弟造反，恐怕大家都不相信，誰知道你安的什麼心？不如讓犯法流亡在外的人回來，說不定有戲。」

在這樣的歷史進程下，劉邦帶著幾十個人，從芒碭山回來了。

但是劉邦回到沛縣以後，發生了兩件極其考驗人的事。

第一是沛縣縣令反悔了，關閉城門不讓劉邦進城。這個時候怎麼辦？人都回來了，再回芒碭山也不是，但縣城又進不去，劉邦再次陷入兩難的處境，短時間內必須做出選擇，才能保住性命。

劉邦的決斷是向城裡的百姓寫信，告訴沛縣的父老鄉親：「天下苦秦久矣，現在天下大亂諸侯並起，你們要是和縣令一起站在秦朝的一邊，將來免不了破城屠家。如果殺了縣令打開城門，就是選擇向諸侯靠攏，以後才能幸福安康。」隨後把信綁在箭頭上射進城裡。

劉邦的這封信，本質上是把自己放在起義諸侯的一邊，再利用「天下苦秦」的輿論鼓動人心，讓沛縣的父老鄉親選邊站。

結果不用多說，劉邦賭贏了，順利進城。

政治就是這麼殘酷，不是生，就是死，稍微有一點猶豫不決，自己、家族和部屬都會遭遇生命危險。必須迅速分析局勢，然後迅速做出決斷，才有一線生機。

這就是綠林江湖。

劉邦這種在綠林中生存多年的人，遇到的每件事可能都是希望，而每件事的背後也隱藏著危機，如何引導事情的走向，並且化解隱藏的危機，是生存的必修科目。

經過多年的高強度訓練，他對危機有非同尋常的感知力，並且積累了應對危機的無數工具，這就讓大腦形成處理危機的肌肉記憶。

這才是劉邦最強的能力。

而依靠家世和別人擁戴重新崛起的六國貴族，由於遭遇絕境的機會不多，也沒有經過各種危機的訓練，在天下大亂的年代，更像是剛出象牙塔的傻白甜，算是爭天下的業餘選手。

畢竟對危機的分析、判斷和感知力，再優秀的血統和教育也教不了，只有親自走入綠林江湖，才能真正感受到。

這就像很多人都知道健身動作，卻沒有一身健美的肌肉，因為肌肉是日復一日磨煉出來的。

所以秦末亂世崛起的六國貴族們，最終讓位給劉邦、項羽、英布和彭越之類的「專業運動員」，而項羽、英布和彭越等處理危機的「羽量級選手」，最終被「重量級世界冠軍」劉邦給收拾了。

對劉邦來說，用這種能力來處理危機，已經有了「肌肉記憶」。那種感覺就像孔子說的，隨心所欲，不逾矩。

3

如果只有處理危機的能力，哪怕能力再高，劍客最多也只能成為土匪，軍人只能成為軍閥，政客的上限則是項羽、英布似的亂世梟雄。他們都成不了平定天下的開國皇帝。

綠林大俠必有精神追求，大政治家必有情懷，事實上任何事業能做到極致，最終的推動力一定是情懷和理想。

司馬遷在《史記・游俠列傳》裡下過一個定義：今游俠，其行雖不軌於正義，然其言必信，其行必果，已諾必誠，不愛其軀，赴士之厄困，既已存亡死生矣。而不矜其能，羞伐其德，蓋亦有足多者焉。意思就是，現在的游俠啊，雖然主流社會不太認可，但他們的承諾一定能做到，而且為了扶危濟困，不惜親身冒險犯難。最後事情做成了，也不會到處宣揚功勞。

總結起來就是四點——不怕犧牲、扶危濟困、說到做到、功成不必在我。

《史記》中蘊含了中國最基本的文化底蘊，而司馬遷的很多觀點，也早已浸潤在中國人的骨子裡，所以不是仗劍殺人的才是俠客，只要符合以上四個標準的人，都可以稱之為大俠。

中國人的俠是一種精神追求，而這種精神追求和中國最高尚的道德要求，完全可以無縫對接。

可以說，「俠」就是中國道德的另一種表述方式，仗劍殺人，無非是武俠不得已而為之的手段。如果不怕犧牲、扶危濟困、又不在乎功名的人進入政界和軍界，又何嘗不是官俠和軍俠？

武俠用劍，軍俠用槍，官俠用政策……他們的目的都是讓世界更公平一點，只是手段不同罷了。

那麼按照這個標準，「綠林大學」畢業的劉邦，不僅在肉體上做過俠客，精神上也是真正的大俠。

劉邦西征進入咸陽以後，頂住眾將的壓力不殺秦王子嬰，並且封存府庫還軍霸上（即灞上，今西安市東），召集各地的父老豪傑開會：「秦法太苛刻啦，我就能感同身受，從此以後咱們約法三章，殺人者死，傷人及盜抵罪，其他苛刻的秦法全部廢除。大家說，好不好啊？」

當然好啦，秦人被苛刻法令折騰得太累了，現在有機會生活得輕鬆點，怎麼可能不擁護劉邦？

於是「秦人大喜」，帶著牛羊酒食到劉邦大營勞軍，算是自己的一點心意。但是劉邦說了，我們的糧食多，不用大家費心了。結果「人又益喜，唯恐沛公不為秦王」。

這就是關中的人心。

可能自從記事起，他們就覺得生活很累，秦法很嚴苛，可是活了大半輩子，卻不知道如何改變悲摧的世道。直到遇見劉邦，他們才知道，原來真的可以換一種活法。

那麼在老百姓的眼裡，劉邦就是扶弱濟困的大俠，劉邦的軍隊就是俠客組成的軍隊。也只有「為國為民」的綠林俠客，才能成為「俠之大者」，超越其他綠林群雄，成為改變時代走向的開國皇帝。

4

當綠林大學的艱苦磨煉和高尚情懷徹底融合在一起的時候，就會形成一種獨特的氣質。如果用一個詞來描述這種氣質，我覺得應該是——輕鬆。

對，就是輕鬆。

他們平時對什麼事情都無所謂，既不講究衣食住行，也不在乎什麼人際關係，常年我行我素。

反正我這麼牛，大家都會圍繞過來的。

劉邦年輕時「仁而愛人，喜施，意豁如也」，打江山的時候豁達大度，從諫如流，哪怕做了皇帝，照樣騎在大臣周昌的脖子上撒歡。其他皇帝都要擺架子，但劉邦表示，老子就這樣，你能奈何？

說白了就是不在乎、無所謂，表現得特別輕鬆。

但是他們這種人一旦做起事情來，卻又雷厲風行，不達目的不罷休。最終每個困難都解決了，橫在前面的敵人也都趴下了。

在舉重若輕和舉輕若重之間，切換得非常流暢。

這種氣質在詩詞上特別明顯。

劉邦征討英布叛亂之後，返回沛縣故鄉，召集父老鄉親們喝酒，親自上臺擊筑唱歌，歌詞就是流傳千古的《大風歌》：大風起兮雲飛揚，威加海內兮歸故鄉，安得猛士兮守四方。

堂堂皇帝親自敲著樂器唱著歌，這份豪邁的氣度，不用多說了吧，古今中外能做到的領袖屈指可數。

要是不看時間的話，還以為劉邦是豪放派詩人呢。渾身透著一種輕鬆和無所謂，非常有個人魅力。

5

西元前一九五年，征討英布回到長安的劉邦，發出一道奇怪的命令：「秦始皇帝、楚隱王陳涉、魏安釐王、齊緡王、趙悼襄王皆絕無後，予守塚各十家，秦皇帝二十家，魏公子無忌五家。」

在其他人看來，這些帝王公子都是過眼雲煙了，他們有沒有後嗣，關你劉邦什麼事？你還專門發一道命令，讓大漢臣民給他們守墓，這不是閒得慌嗎？

此時的劉邦已經受傷病重，距離去世只剩半年，相信他自己也是有預感的。他在重病垂死時發布的命令，怎麼可能沒有意義？

其實我們可以這樣想：劉邦年輕時仰慕魏公子無忌（信陵君），在楚隱王陳涉的旗號下起義，建立的大漢繼承了秦始皇帝的制度，他們都是劉邦各個階段的領路人，現在自己也命不久矣，便安排人為他們守墓，相當於隔著時空致敬：「你們的事業後繼有人。」

至於魏安釐王、齊緡王、趙悼襄王，則是戰國的國君，劉邦讓人給他們守墓，可能是悲憫他們沒有後嗣，但更大的可能是說：「你們的時代過去了，走好，安息。」

以帝王的身分做這件事，這是俠客劉邦獨有的浪漫。

隨後劉邦病重不能起床，醫生診治後告訴他：「病得不重，可以治。」劉邦聽完氣得大罵，我以布衣提三尺劍取天下，這是天命，誰都改不了。既然人的命運由天定，那扁鵲來了又有什麼用？賜金五十斤，趕緊走吧。

想明白人壽自有天定，劉邦就再也不看病了，和呂后交代了蕭何、曹參、王陵、陳平的相國人選，並且告訴呂后「安劉氏者必勃也」，讓周勃做太尉，然後就躺在床上等待人生落幕。

你看，劉邦臨終都這麼灑脫，沒有半點尋常人的留戀不捨，對什麼都輕鬆、無所謂的氣質，表現得淋漓盡致。而且和追求長生不死的秦始皇相比，劉邦真正動人的地方，便是多了一絲人間煙火的氣息。

藺相如——一擊必殺的外交

1

和氏璧的故事，發生在戰國年間。

西元前二八四年，趙國和秦、燕、韓、魏組成五國聯軍，任命樂毅為聯軍統帥，揮兵討伐齊國。面對五大強國的進攻，齊國完全沒有抵抗的能力，連續丟失七十多座城池，國力一落千丈。

在五國伐齊的戰爭中，趙國出力頗多，再加上積累數十年的強盛國力，趙國一躍成為關東六國之首，號稱東方第一強國。不論國際影響力、經濟、軍事能力，趙國都能和秦國相抗衡。

而且趙國在山西、河北一帶，緊鄰黃河天險和函谷關，死死守在秦國的家門口，秦國做什麼事情，趙國都有干預的能力。如果秦國想出兵中原，趙國不同意，那麼秦國可以一意孤行，卻必須面對趙國抄底的危險。

於是，趙國成為唯一可以制衡秦國的東方大國。

秦國作為西方大國，最大的夢想是平定中原，把錦繡江山收入囊中，讓天下人都匍匐在秦國腳下，現在有趙國制衡，夢想便很骨感了。

秦國怎樣才能破局呢？

兩國爆發大規模戰爭，當然是最直接的解決辦法，但此時秦國和趙國的國力差不多，根本沒有一次性碾壓的實力，一旦爆發大規模戰爭，對國力的損耗非常嚴重，最終只會便宜其他國家。

那麼結論就很簡單了，秦國只能用外交手段，逼迫趙國低頭。

西元前二八一年，秦昭王寫了一封信給趙惠文王：「聽說貴國有和氏璧，不如賣給我吧，我用十五座城池來換。」雖然和氏璧的價值很高，但怎麼可能值十五座城池？事出反常必有妖，秦昭王的外交辭令背後，其實有三個目的。

第一個目的是和氏璧。

和氏璧是玉器，代表著財富，秦國得到和氏璧以後，隨時可以拿到市場上賣錢，補貼常年征戰造成的財政虧空。而且奪取財富的最終目的，是打壓趙國經濟，削弱趙國的綜合國力。

透過外交掠奪財富之後，秦國便能回一口血，為將來更大的博弈做準備。

第二個目的是削弱趙國的影響力。

趙國的國力蒸蒸日上，但和秦國依然有些差距，一旦「和氏璧外交」沒有處理好，秦國便能抓住機會大肆宣揚：「啊哈，趙國自稱什麼東方大國，結果連和氏璧都保不住，這下丟人現眼了吧。」

於是，其他國家也會想：趙國和秦國吵架都輸了，怎麼可能阻止秦國出函谷關，做關東六國的保護傘呢？

國家和人一樣，都是慕強的。他們不願意和真正的大國作對，更不在乎正義和邪惡的區別，為了生存下去，他們寧願做邪惡強國的乾兒子。秦趙展開和氏璧外交談判，天下各國都在眼巴巴地看著，等著從談判的結果來判斷，以後該和誰近一點、用什麼方式和兩國交往，以及本國的政策如何調整。

如果「和氏璧外交」失敗，趙國失去的是影響力，進一步失去話語權，從此淪為秦國的跟班。

然後就實現了秦國的第三個目的：整合盟友。

既然趙國向秦國低頭了，說明趙國沒有擔當，不能扛事，那麼關東國家還跟趙國站在一起嗎？趕緊去咸陽拜碼頭啊。大家跟著秦國維護和平，順便找機會瓜分了趙國，不香嗎？至於秦國會不會欺負關東國家，那是以後的事了，先把眼前的肉吃了，再說其他的吧。

總而言之，「和氏璧外交」是局中有局。

秦國要利用外交手段，達到以上三個目的，為以後的爭霸鋪路。而對於趙國來說，即便沒什麼談判結果，也要表明立場，讓天下人都看到，趙國是有擔當、有實力的東方大國。

只要守住這條底線，就沒有輸。

兩國都沒有退路，必須全力以赴，在談判桌上一較高下。

2

趙惠文王收到秦昭王的信，派藺相如帶著和氏璧去秦國，參加這次重要的外交活動。

到咸陽以後，藺相如取出和氏璧，交給秦昭王，然後等秦昭王說十五座城池的交易。結果秦昭王的眼裡只有和氏璧，根本不談十五座城池的事。換句話說，秦國只想要好處，不想付出任何代價。

藺相如對秦國的態度，已經有了心理預期，便決定要回和氏璧，不參與外交談判了，這樣就保住了趙國的顏面。他對秦昭王說：「和氏璧上有瑕疵，您沒看出來吧，不如還給我，我為您指出來。」

秦昭王太想要好處了，根本沒發現藺相如的意圖，便把和氏璧還給藺相如。

藺相如要回和氏璧之後，大罵秦昭王：「我出國前，同事們都說秦國不可信，但是我覺得，普通朋友都不應該互相欺騙，何況大國之間呢？今天才發現，大王根本沒有談判交易的誠意。如果真要欺負我，那我就與和氏璧同歸於盡。」

看到藺相如的強硬姿態，秦昭王害怕了。

如果和氏璧破碎，那麼談判就徹底破裂了，談判破裂，其實就是趙國贏了。

因為秦國的目標是用談判削弱趙國，談判破裂，就不可能達到目的，當然是輸了，其他國家也會說：「秦國不行嘍，連趙國都搞不定，算什麼霸主。」

這可是搬起石頭砸自己的腳。

趙國的目標是用談判保住利益，只要和氏璧在手，並且態度強硬表明立場，就沒有輸。

不管怎麼說，談判破裂對秦國不利。

秦昭王琢磨半天，感覺不能硬來，就答應藺相如的要求，決定過段時間再談。而就在等待重新談判的時候，藺相如讓人帶著和氏璧回國了，自己重上談判桌，要求秦國先割十五座城池。

這是在保住底線之後，對秦國展開外交攻勢了。秦昭王怎麼可能用十五座城池換一塊和氏璧？於是就打個馬虎眼，算啦。

秦國退讓，趙國贏了。

秦昭王不甘心啊，不久後派出外交使節，請趙惠文王去澠池會談。這又是一個大坑，去吧，很危險。不去吧，又表現得太懦弱。

趙國君臣商議，哪怕澠池是刀山火海，也得去。

因為秦昭王邀請會談是假的，目的依然是利用主場談判的優勢，逼迫趙國低頭，削弱趙國的國際影響力，讓秦國成為真正的天下霸主。

趙國不去澠池會談，正好中了秦國的圈套，他們可以告訴天下：「秦國為了世界和平邀請趙國談判，趙國卻不來，說明趙國根本不想世界和平啊。」其他國家也會想，趙國太軟弱了。

所以趙國去了澠池，就是破了秦國的第一招，不僅表明重建和平世界的擔當，也明明白白告訴秦國，我不怕你。

於是，趙惠文王和藺相如去了澠池。

剛開始的氣氛還不錯，不管兩國的領袖怎麼想，起碼表面上非常和諧，這也應該是外交場合的待客之道，禮數不能丟。

然而很快就出事了。

秦昭王突然冒出一句：「聽說趙王喜歡音樂，不如奏瑟來聽聽。」讓對方的會談代表做工具人，秦昭王已經很沒有禮貌了，但更過分的是，趙惠文王演奏音樂的時候，秦國史官悄悄記錄：「某年月日，秦王與趙王會飲，令趙王鼓瑟。」這是殺人誅心啊。

那年頭的史官不是歷史學者，而是國家唯一的宣傳機器，寫下的每一句話，足以改變一個時代的輿論走向。秦昭王的做法，就是要在輿論上壓過趙國，並且把趙惠文王釘在歷史的恥辱柱上。

這能忍？

要是順了秦國的意思，趙國這輩子都別想翻身了，唯一的破解辦法就是以彼之道還之彼身，你想把我釘在恥辱柱上，而且用直徑一公尺的巨型釘子，把你釘得死死的。

於是藺相如反擊秦昭王：「聽說秦王唱歌不錯，那就來擊缶吧，給大家助興。」秦昭王不願意，藺相如堅持，實在僵持不下，秦昭王下場擊缶，也做了一次會談的工具人。在秦昭王擊缶的同時，藺相如讓趙國史官寫道：「某年月日，秦王為趙王擊缶。」

表面來看，秦國和趙國扯平了，但從各自的目標來說，還是趙國贏了。史書裡說：「秦王竟酒，終不能加勝於趙。趙亦盛設兵以待秦，秦不敢動。」

而藺相如則以外交的功勞，拜為趙國上卿。

3

外交這種事情，最大的倚仗是強大國力，沒有強大的國力，在談判桌上怎麼談，結果都是一樣的。但有了強大國力，談判桌上怎麼談，就是一項技術活。

從藺相如的成功經驗來說，最好的外交技巧就是尋找對方的軟肋，一擊必殺。

比如秦國擔心和氏璧破碎，那就用摔和氏璧來威脅秦昭王。

比如秦昭王想用史官引導輿論走向，藺相如就用同樣的方法，記錄下秦昭王最不堪的行為，讓他為了掩蓋自己的醜事而不敢用趙王來說事。

你最害怕什麼，我就偏偏要做什麼。

反正發起談判的霸主，徹底壓倒對方才算贏，而參加談判的大國，只要堅持到底就沒輸。

光腳不怕穿鞋的，只要咬定青山不放鬆，不怕談不贏。

韓信——眼裡有星辰大海

1

有次在網路上看到有個二十歲的女生留言提問：「我的理想就是成為劉邦、曹操這樣成就大事的強者，大家覺得我正常嗎？有什麼建議？」

看到這個小姑娘的問題，突然想起我讀中學時的懵懂歲月。高考前幾個月，有個哥們問我：「以後想做什麼？」我略微思索一番告訴他：「做省長。」

現在想起來，那天的對話太傻了，簡直無地自容，可在當時看來還是太保守了……因為中學的時候迷戀秦漢三國，感覺省長和郡太守差不多，都是史書中的路人甲，除了幾個人能出來露露臉，其他的都泯然眾人。

於是就有了一種奇妙的想法：郡太守算什麼，諸葛亮和周瑜才勉強及格吧，此生最好能和劉備、曹操一樣，做個主公什麼的。

然而到了十年後，別說太守或者主公了，連個管十里地方的村長都沒混上。

2

但是話說回來，「心太野」真的沒有任何好處嗎？其實也不見得。人在年輕的時候，都有過非常宏大的想法，甚至小學生想做科學家也是其中一種。而功成名就的起點，往往來自一些看似不可能的想法。

任何想法都有付諸實踐的價值，最關鍵的問題是，如何讓夢想成為現實。

司馬遷為了寫《史記》，曾經親自走訪淮陰縣，淮陰縣的父老鄉親告訴司馬遷，統帥大軍橫掃半壁江山的韓信，沒有出人頭地之前，志向就和別人不一樣。

哪裡不一樣呢？

韓信的母親去世以後，按照一般的邏輯，找一塊不太差的地方葬了，也就行了。畢竟都是老百姓，不需要講究太多禮節問題。

但是韓信偏和別人不一樣，他走遍淮陰縣的山川大河，最終找到一塊地勢高而且非常寬敞的土地，周圍可以安置「萬家」，然後把母親葬在這塊土地的最中間。

古代「一家」的標準是五口人，那麼「萬家」就是五萬人，也就是說，韓信把母親葬在這裡，希望將來有五萬人給母親陪葬，讓母親躺在這裡不至於太孤單。

司馬遷聽了淮陰父老鄉親的話，不太相信，親自去韓信母親的墓地考察一圈，結果發現，淮陰的父老鄉親沒騙人，那片地方真的能容下五萬座墳墓。

從這裡就能看出來，韓信的野心太大了。

要知道，那時的韓信只是個窮小子，母親去世以後可能吃飯都是問題。他卻打心底裡認為，自己將來一定能出將入相，甚至成為一方諸侯，然後用自己的地位和權力，命令「萬家」在去世後埋葬在那裡，為母親陪葬，讓母親在另一個世界成為最尊貴的老太太。

少年時代的韓信，頗有一種「要把世界踩在腳下」的豪情壯志。雖然司馬遷沒有細說，但我們可以想見，想把世界踩在腳下的韓信，可能從那時候起便開始揣摩軍國大事，以及軍隊取勝之法。

假設兩軍在平原對壘，車兵什麼時候出擊、步兵是正面對抗還是繞道埋伏、取勝了要不要繼續追擊、如果追擊會遇到什麼問題、戰敗如何撤退、在撤退的路上如何保證軍隊的秩序、大軍的糧食怎麼安排、怎麼招兵買馬、怎麼做戰前動員等，這些和作戰相關的一切問題，都是韓信思考或者模擬的範圍。

那時的韓信「貧無行」，想維持生活得蹭百家飯，連河邊洗衣服的漂母都接濟過他。也就是說，他根本沒有規劃好的事業路徑，也看不到日後實踐的希望。

他能忍受亭長夫人的白眼，甚至從屠中少年的胯下鑽過去，原因只有一個，韓信眼中有星辰大海，願意為了這個渺茫的夢想，付出一切代價。

我們讀歷史的時候，可能潛意識裡就覺得統帥百萬大軍橫掃半壁江山的大事，只能韓信來做。但是在二千二百年前，誰能知道韓信可以改天換地？甚至他自己也未必有信心。

把韓信的「出將入相」與「成為劉邦、曹操一樣的人」放在一起，你覺得有什麼區別嗎？沒有吧。

在閱歷豐富的成年人看來，這兩種想法都是不切實際的，典型的不知天高地厚。如果現在有人和你說要改變世界，我敢保證，你肯定嗤之以鼻，然後勸他好好工作養家糊口。

但是韓信年輕氣盛啊，想到就去做了。

他不停地研究古今經典軍事案例、閱讀一切能得到的兵書戰策、走遍山川大河、揣摩淮陰父老的人心，逐漸把腦中不切實際的幻想一點一滴地落到實處。

如此過了幾年，韓信的能力指數級增長。

可能在別人看來，韓信就是個言行舉止不太正常的神經病，但是韓信自己知道，他已經逐漸熟悉軍事的學問了，在出將入相的路上越來越近。這樣的結果，恐怕是母親剛去世時的韓信完全沒有想到的。

而後來韓信通過一番交談讓蕭何拜服，剛出任大將軍便定三秦、破魏、滅趙、降燕、伐齊，這一系列「出道即巔峰」的行動，都是在淮陰打下的基礎啊。

所以說，年輕人的幼稚不是病，只有空想而不實踐才是。

3

如果你認為韓信的經歷太傳奇，普通人無法類比，那不妨把心中宏大的想法降低一點，降到自己可以承受的範圍內。

比如用一年的時間在銀行卡裡存一百萬，或者以公司總經理的身分退休，或者讀書破萬卷研究清楚一百個學術問題。至於到底能不能做到，完全不必考慮，總之要把目標定得極高，卻又可以仰望。總而言之，就是在已有的條件下，把想像力發揮到極致。

只有把目標定得高了，你才有想像空間和進步動力，因為你知道那個目標很難實現，便會拚命尋找成功的方法。

哪怕最後無法完全達成預期目標，大概只能完成百分之三十到五十，到那個時候，已經向前走了無數步的你，足以讓現在的自己仰望了。

如果你只有養家糊口的小目標，更大的可能是，你根本沒有意願和動力去努力奮鬥。做什麼不能養家糊口呢，何必那麼辛苦？

於是每天都會沉浸在完成目標的喜悅之中，這種生活狀態，又談何進步呢？

就像韓信的目標，如果只是吃飽，那麼更大的可能是，韓信成為淮陰一個遊手好閒、不務正業的浪蕩子，每天跟在別人後邊要飯吃，時間一長，他就徹底陷入生活的爛泥，永遠爬不出來了。

其實這就像驢子面前的蘿蔔，近在眼前卻永遠吃不到，驢子才會一圈一圈地向前走。要是直接餵驢子吃一根蘿蔔，驢子會願意向前走一步嗎？

驢子走或停都沒關係，但人要是一直停在原地，那不廢了嗎？

那些眼裡沒有星辰大海的人，往往會沉浸在短期享受裡不可自拔，而胸中有山河溝壑的人，才會無視眼前短期誘惑，不顧一切地向前走。他們有宏大的野心並且願意付諸實踐，能忍受延遲滿足感，所以他們的戰鬥力特別強。那些事業有成的人，大部分是從這個群體裡產生的。

因為這種孤注一擲的狀態，就是人生進步的原動力。

而只想經營小日子的人，往往有一種得過且過的心態，工作不好也不敢跳槽，薪資不高也不想如何多賺點錢，最後一輩子就這麼過去了。

我始終相信一句話：發上等願、結中等緣、享下等福。

野心大到不切實際的人，終究能得到部分想要的東西，而一開始只想經營小日子的人，最後可能連小日子也維持得不穩定。

大家可以看看周圍的人，想想是不是這個道理。

4

不管是想做劉邦還是想做曹操，或者想和韓信一樣夢想出將入相，這些想法看起來都荒誕不經，但我覺得必須要堅持下去。因為這個想法很大，足以讓人進步很久。

真正的問題在於，想法不能停留在腦子裡，而是要動手做起來。首先要仔細閱讀史書吧，仔細分析猛人和將相，在各自時代有什麼成功的軍政案例，而且要把自己放到當時的環境裡，揣摩複雜的人情世故，把他們走完的人生重新快轉走一遍。

日積月累地做下來，才能總結出一點歷史經驗。

此外還要學習經濟、金融、法律、地理、工業、農業等專業知識，這些專業知識和歷史經驗結合起來，將會形成一套完整的知識體系，以及做人做事的方法論。

劉邦、曹操、韓信，都是這麼成才的。

如果真的能走到這一步，即便由於時代限制和個人際遇，你還沒有看到想要的星辰大海，那麼憑藉如此深厚的積累，做其他事情也能事半功倍。就像武俠小說裡的高手，無不身懷震驚古今的內力，隨便找來一本武功祕笈，短短幾天就練到第九重。而內力和悟性不高的人，一輩子都練不到第三重。

可見人生從來沒有什麼捷徑，無非是苦修而已。而只有極高的目標，才能讓一個人耐住寂寞，做長時間的苦修。

一年比一年強，就是希望。

大家也不妨發揮一下想像力，然後堅持做下去，到明年的現在，說不定已經進步很多了。

陳平——以天下為棋盤

1

陳平是十里八鄉公認的美男子，《史記》原文說「長大美色」。

成年以後，陳平可以娶媳婦了，但是富人看不上他，他也看不上窮人。直到機緣巧合，富人張負才願意把「五嫁而夫死」的孫女嫁給陳平為妻。原因也很簡單：「人固有好美如陳平而長貧賤者乎？」

顏值決定命運。

陳平的顏值高，做事也特別公平。鄉里有社戲集會的習俗，陳平作為富人家的孫女婿，有資格主持分肉。和某些偏心的人不同，陳平分給每個人的肉都很均勻，從來沒有給某人多一點，給另一個人少一點的情況。

父老鄉親很滿意，陳平便感嘆，讓我宰執天下，也和分這塊肉一樣公平。

然而在《史記．陳丞相世家》裡，陳平發完感嘆之後，畫風突變。此後他沒有得到公平宰執的機會，始終在做兩件事——換工作和玩陰謀，猶如屠龍少年終成惡龍一樣。

陳勝、吳廣起義後，陳平投奔魏王，短時間內官至太僕，因提建議不聽，拔腿便走。歸於項羽，賜爵為卿，並且受封為信武君，可以說在項羽陣營裡地位極高。因為劉邦攻破殷地，陳平害怕項羽誅殺，仗劍逃亡。

陳平降漢，透過信陵君孫子魏無知的關係，和劉邦交談一番，得到漢王劉邦的認可，終於安定下來。

此後便是玩陰謀了。

其他人玩陰謀，往往是一錘子買賣，陳平不一樣，他玩陰謀是有始有終的，而且可以前後呼應，讓人覺得，陳平是以天下大勢為棋盤，其他人都是他手中的棋子。

他為漢王劉邦出的第一計，便有一箭雙雕的效果。

劉邦問陳平：「天下大亂，什麼時候才能安定啊？」陳平的回答非常犀利：「項羽恭敬愛人，道德楷模都追隨項羽，但是他捨不得封賞，其實也得不到屬下的心。雖然你的個人品德不怎麼樣，但是捨得花錢，所以追求功名利祿的人都追隨你，想搏一場大富貴。」

這話說得太直接，劉邦聽得也蠻不好意思，不過陳平也說了，既然項羽不得屬下人心，身邊骨幹只有范增、鐘離昧和龍且等寥寥數人，而劉邦又捨得花錢，不如用劉邦的長處攻擊項羽的短處，花幾萬金收買人心，離間項羽君臣，從內部搞亂他們。

劉邦一聽，好啊，給你四萬金，去辦吧。

天下熙熙皆為利來，這世上能用錢解決的事都不是事。陳平有了四萬金，便派出使者到楚軍中到處撒錢，讓楚軍將領傳話，說鐘離昧的功勞特別大，想聯合漢軍滅了項羽，裂土封王。

消息傳到項羽的耳朵裡，項羽信了，從此看鐘離昧的眼神也不再單純。可能是為了求證消息的真實性，項羽派人出使漢營。結果更絕的事情來了，漢王劉邦準備了最高規格的招待標準，看到項羽使者便說，我還以為是亞父范增的使者呢，原來是你啊，那招待標準就太高了，來人，給項王使者準備粗茶淡飯。

回到大營之後，使者把事情經過告訴項羽，項羽大怒，從此再不相信亞父范增，沒多久范增「癰發背而死」，明顯是氣死的。

而劉邦的一番表演，很難說是自己的主意，結合事情的來龍去脈來看，極有可能是陳平的建議。

一石二鳥，陳平「出道即巔峰」。

2

下一場是韓信的生死劫。

韓信攻破齊國，派人向劉邦彙報工作，順便要求劉邦封他為代理齊王。劉邦氣得要死，大罵韓信是混帳東西，陳平在旁邊發現不對，韓信的使者在旁邊，萬一回去告訴韓信怎麼辦？這個時候你要做的是拉攏人心啊。

於是陳平踩劉邦的腳，意思是注意一下你的態度，劉邦才反應過來，趕緊改口，說大丈夫定天下，要做就做真王，做什麼代理齊王。然後便讓張良去齊國，冊封韓信為齊王。

如果沒有陳平的一腳，韓信封王，不會如此順利。但是多年後，親自把韓信拉下馬的也是陳平。

漢朝平定天下之後，有人報告說，改封為楚王的韓信要謀反，大家一聽都炸鍋了，紛紛表示要領兵滅了韓信。唉，韓信一代兵仙，也不知道怎麼混的，人際關係差到極點了。

到底要不要領兵攻韓信，劉邦也拿不定主意，便去問陳平。陳平為他分析了一番，說將軍們的能力不如韓信，兵力也不如楚國精良，真要爆發戰爭，恐怕沒什麼勝算。不如以旅遊散心的名義，在陳地召集諸侯，到時候韓信肯定會來，這就讓韓信脫離了軍隊，猶如失去爪牙的老虎，還不是任你揉捏嗎？

劉邦依計而行，到陳地之後，和韓信打了一個招呼，便將他抓上了車。劉邦一生經歷無數大風大浪，也平定過數不清的諸侯，毫無疑問，平定異姓王韓信是最簡單的一次。最大的功臣就是陳平。

韓信在戰場上威風赫赫，但是在戰場之外，不論封王或者被擒，都被陳平玩弄於股掌之中。

和韓信類似命運的，還有呂后。

劉邦去世之前，突然爆發燕王盧綰造反事件，便讓樊噲領兵平叛。這時有人打小報告，極有可能是說皇帝身體不好，樊噲領重兵在外，而樊噲又是呂后的妹夫，一旦皇帝駕崩，呂后的勢力就太大了，太子劉盈未必能鎮得住。

劉邦想想也對，大怒，命令陳平和周勃到軍中「斬噲頭」，並且讓周勃替代樊噲領兵平叛。

但是陳平留了一個心眼。樊噲是皇帝劉邦的親信，又是呂后的妹夫，我們在軍中殺了他算怎麼回事啊，萬一秋後算帳，根本沒法交代。不如綁了送到長安，讓劉邦自己處理吧。這麼做的另一個目的是，劉邦快不行了，太子幼小，以後肯定是呂后處理天下大事。留下樊噲，就是留下后黨的親信大將，極有可能得到呂后的信任。

果然，陳平和樊噲沒到長安，就聽到劉邦駕崩的消息。陳平立刻進宮面見呂后，「哭甚哀」，我們完全可以猜測，陳平回憶了革命年代的私人感情，並且表達了對呂后的忠心。呂后聽了也很感動，「哀之」，並且讓他做郎中令，教導劉盈。

幾年後劉盈去世，呂后擔心實力不足，坐不穩江山，便想封呂家的兄弟子侄為王。問右丞相王陵的意見，王陵不同意，因為高皇帝劉邦說了，非劉氏為王者，天下共擊之。呂后再問左丞相陳平，陳平表示沒問題，您隨意。

這是再次選邊站，呂后非常滿意，讓陳平接替王陵做了右丞相。可以說陳平的推波助瀾，協助呂后成為天下最有權勢的女人，但如果認定陳平是鐵桿后黨，那又大錯特錯了。

因為等呂后去世之後，屍骨未寒，右丞相陳平和太尉周勃便起兵誅殺呂氏，把呂后打造的呂氏江山連根拔起，然後迎代王劉恒為帝，後世稱為漢文帝。

這麼複雜的謀劃，根本不是武夫周勃能想出來的，只能是玩陰謀的高手陳平想出來的。司馬遷也說了，陳平本謀也。

自從出道以來，陳平的職業生涯從來沒有失敗過。用四萬金離間項羽和鐘離眛、亞父范增的關係，用三言兩語決定韓信的命運，用選邊站和變臉的招數顛覆呂后的江山。陳平不出手則已，一出手就是大手筆，很大程度上決定了天下的走向。

3

同樣是運籌帷幄之中，如果說張良專注於兵法，正面交鋒；陳平則喜歡揣摩人性，在背後博弈。

在陳平的職業生涯裡，從來沒有任何私人感情。他的眼裡，天下是大棋盤，每個人都是可以利用的棋子，而人心是操縱棋子的纖纖玉手。

這種冷酷的做法，在滎陽城達到了巔峰。

當時漢軍大營在滎陽城南，和項羽對陣相持一年多，因為運糧通道被項羽打破，漢軍極度缺乏糧食，最終被項羽包圍。想和項羽繼續奮戰爭奪天下，就必須逃出項羽的包圍圈，才能收攏舊部重新開始。

怎麼辦呢？

陳平找了二千名女子，穿上漢軍的甲冑，讓她們晚上從東門出城，另外讓紀信扮作劉邦，乘坐劉邦的車駕東奔西走，和二千名女子一起吸引楚軍的注意力。而劉邦和陳平等數十人趁機從西門逃走。司馬遷的說法是，二千名女子出城「楚因四面擊之」，但我認為這是文雅的說法。士兵的戰鬥力強弱，一交鋒就知道了，那些女子在戰場上不停地倒下，口中必然發出女性特有的慘叫，楚軍將士會聽不出來？

所以在短暫交鋒之後，滎陽城外會發生什麼，不用我多說了吧。雖然紀信等人也拖延了楚軍的時間，但更大的可能是，滎陽城外的暴行，極大程度上瓦解了楚軍的進攻意志。

這就是陳平的計謀，太殘酷了，但凡有些感情的人，都不會用這麼缺德的計謀。但陳平就是用了，而且沒有絲毫拖泥帶水。

所以他晚年說：「我多陰謀，是道家之所禁。吾世即廢，亦已矣，終不能復起，以吾多陰禍也。」

他對自己的所作所為，心裡清楚得很。

4

現在我們回到開頭的問題，陳平想公平地宰執天下，做一個好官，讓天下人都能在太平盛世中生活，可他卻玩了一輩子陰謀，到底是忘記了初心，還是他本來就是偽君子？

其實都不是。

當初魏無知向劉邦推薦了他，他才有了此後的飛黃騰達，被劉邦封侯以後，陳平說我其實沒什麼功勞。劉邦反問道：「我用先生的計謀克敵制勝，先生怎麼就沒有功勞？」陳平盯著劉邦：「如果沒有魏無知，哪有我的今天？」劉邦才知道，陳平要報答恩人啊，於是也封賞了魏無知。

從這件不忘本的小事就能看出來，陳平不是忘恩負義的人，這樣的人又怎麼可能輕易地忘記初心？

而陳平被同事攻擊「盜嫂」的時候，魏無知也向劉邦說，我推薦陳平是因為他能力強，你懷疑陳平是因為他道德差，可現在天下大亂，你找一堆道德標兵有什麼用？只要出的計謀有利於國家，「盜嫂」又算什麼？

這才是亂世的人才標準。

只要有利於國家，能出奇謀走向勝利，其他一切都可以拋棄，一切手段都可以使用。

這才是陳平玩陰謀的本意，不管過程如何不堪入目，最終的結果都是為了國家。離間項羽君臣如此，生殺韓信如此，選邊站和顛覆呂后如此，派遣滎陽城外的二千名女子也是如此。

在這些血淚的背後，一個強大的國家正在冉冉升起。

陳平一輩子做了很多「惡事」，做事的過程中也辜負了很多人，但唯一沒有辜負的就是劉邦，以及他們親手建立起來的大漢王朝。

蘇秦——華麗的逆襲

1

蘇秦是鬼谷子的學生。

雖然拜了名師，但這種身分並沒有給蘇秦帶來榮華富貴，他畢業後用幾年時間找工作、謀前程，依然一事無成，和現在拚命考入名牌大學，畢業後要為房租發愁的學生一樣。

司馬遷用的詞是「出遊數歲，大困而歸」，短短八個字，寫盡了蘇秦的窘迫。你透過這八個字，彷彿可以看到蘇秦破敗的衣衫、蓬亂的頭髮，以及一聲接一聲的哀嘆。

原本希望靠讀書出人頭地，現在竟然因為讀書而窮困，蘇秦的心情可想而知。

回到洛陽故鄉之後，兄弟妻嫂等親戚都嘲笑蘇秦：「周人的習俗是置辦田產或者做生意來賺錢，你卻反其道而行之，專門耍嘴皮子，淪落到這步田地，活該啊。」

人窮志短，馬瘦毛長，蘇秦能說什麼呢，趕緊羞赧退下，把自己關在屋子裡暗自垂淚。像個窮困的中年人，臉上寫滿了故事，嘆息聲裡都是不甘。

2

經過痛苦的反思，蘇秦逐漸明白了：求學讀書不能榮華富貴，讀那麼多書有什麼用？無非是行走的書櫃而已。

這句話看起來是「讀書無用論」，但實際上，蘇秦悟到了讀書的真諦。

書卷是什麼？

書卷是記載知識的東西，除此之外沒有任何神聖的地方。而知識是工具，唯一的功能是為人類社會服務。換句話說，書卷裡的知識必須和現實相結合，才能爆發出驚天的威力，否則便沒有任何意義。

蘇秦以前讀書，只是單純地讀書，根本沒有把知識和現實結合起來，所以才「大困而歸」。因為大部分人喜歡的不是知識，而是知識和現實結合起來產生的利益。

明白了這一點，蘇秦猶如打通任督二脈，眼前的世界豁然開朗。他找到一本《陰符書》，感覺這本書裡的知識和現實世界有關係，便伏案苦讀，仔細揣摩書卷裡的知識，並且用書裡的知識來解構現實世界。他一個字一個字地讀，一個知識點接著一個知識點地攻克，知識和世事如電影一樣，在蘇秦的腦海裡緩緩走過。

一年以後，蘇秦闔上書卷，長嘆一聲：「明白了，全明白了。我已對天下事瞭若指掌，可以遊說各國的國君，成就一番功業了。」

所謂遊說，就是在熟練判斷天下走勢的基礎上，客觀分析某一國的基本國情，總結出國家的優點和缺點，然後據此提出指導意見，供君主採納。

看起來是耍嘴皮子的活兒，實際上非常考驗人的綜合素質，必須有「運籌帷幄之中，決勝千里之外」的能力，才能做一名合格的說客。

這種人，我們稱之為國士。

3

蘇秦最先去見了周天子，但是戰國年間的周天子沒什麼地位，能維持日常生活就行，根本不敢輕舉妄動。

而且周天子的地盤不大，有什麼新鮮事就被街道大媽傳得到處都是，所以周天子和近臣非常瞭解蘇秦，根本不相信他的話。

隨後蘇秦去了秦國，站在秦國的立場上對秦惠文王說：「秦是天府之國，人民勤勞，軍隊強盛，完全可以吞併天下，取周天子而代之，建立帝業，統治四方啊，您考慮一下？」但是秦惠文王說：「現在秦國羽翼未成，還是要積蓄國力，你的建議以後再說吧。」

蘇秦再次碰壁，便去了趙國……還是沒成功。

蘇秦想不明白，問題出在哪裡呢？我明明是站在對方的立場上說話，而且說得也沒錯，對方為什麼不認可？蘇秦苦思冥想，始終不得要領，他帶著這個問題一路走到燕國，依然沒有想明白。

這次燕國國君沒有立刻召見蘇秦，足足把他晾了一年，才通知蘇秦，來聊聊吧。

幸虧有一年的空餘時間，給了蘇秦深度思考的機會，也讓他想明白了問題的關鍵。如果和遊說周天子、秦惠文王一樣，向燕國國君說一些不著邊際的空話，他可能還是沒有機會。因為分析天下大勢是遊說的前提，最後的落腳點是給出「前路向何處去」的指導意見。如果沒有最後的指導意見，前面說的一大段，不是空話是什麼？

尤其是對秦惠文王的遊說，蘇秦就犯了這個錯誤。

蘇秦能看出秦國強盛，秦惠文王會不懂嗎？人家只是不願意說罷了。而且要吞併天下建立帝業，不是嘴上說說而已，必須有合理的軍事、政治、經濟和外交戰略，以及可行的戰術，這才是最關鍵的問題。

蘇秦什麼都沒有，只說秦國要吞併天下建立帝業，如果秦惠文王信了，那才是真的傻。

現在蘇秦想明白了，也開始走上人生巔峰之路。

他對燕文侯說：「燕……地方二千餘里，帶甲數十萬……粟支數年……此所謂天府者也。」這是實事求是地分析問題，順便拍馬屁博好感。

然後開始落到現實問題：「天下大亂紛爭不息，尤其是秦國的東進欲望非常強烈，燕國卻沒有兵戈之警，為什麼呢？完全是因為趙國在南邊擋住秦國了呀。」意思就是，秦國是燕國的遠慮，趙國才是燕國的近憂，反過來看，也是可以聯合的朋友。

那怎麼辦呢？

蘇秦提出自己的解決辦法：「希望您和趙國相親相愛，甚至和天下各國都合為一體，共同來對抗秦國，燕國一定可以高枕無憂。」燕文侯聽完大喜，感覺說到心裡去了。可是燕國弱小，周圍的趙、齊都是大國，想用合縱的辦法安定燕國，還是要勞煩蘇先生啊。

於是燕文侯準備了豪車鉅資，送蘇秦去趙國出差，進一步完成合縱大業。

蘇秦用的依然是這套方法論。

他用拍馬屁的方式，說明趙國的優勢：「當今之時，山東之建國莫強於趙。趙地方二千餘里，帶甲數十萬，車千乘，騎萬匹，粟支數年。」說趙國的國力非常強，是大有可為之國。

緊接著他分析趙國面臨的困局：「秦國不敢舉兵伐趙，主要原因是韓、魏在旁邊制衡，但這種局面不會長久的。因為韓、魏境內沒有高山大川，很難抵擋秦國的攻勢，一旦韓、魏成為秦國的囊中之物，那麼秦國的下一個目標，必然是趙國。」

最後他提出解決辦法：「只有韓、魏、齊、楚、燕、趙合縱結盟，每當秦國攻擊任意一國，其他五國都必須出兵相助，如果有背盟違約者，五國共伐之。一旦形成六國合縱的局面，秦國便不敢出函谷關，趙國的霸王之業就成了。」

和燕文侯一樣，趙王非常高興，送給蘇秦百輛豪車、千溢黃金、百雙白璧、錦繡千純，讓他去說服其他國君。

既然有了成功的方法論，蘇秦的事業就不會停止。韓、魏、齊、楚的國君，陸續被蘇秦說中痛點，並且願意按照蘇秦的規劃和其他國家合縱結盟，共同對抗秦國。而作為合縱的核心人物，蘇秦佩戴六國相印，居中協調六國合縱過程中的問題。

他在解決別人困難的同時，也成就了自己的事業。

4

完成合縱的蘇秦，準備北上回報趙王，路過洛陽故鄉的時候，最有意思的事情發生了。由於蘇秦的隨從車駕非常多，和各國諸侯的排場一樣，周天子嚇壞了，趕緊打掃街道，並且讓洛陽人民迎接犒勞。

正好，蘇秦的兄弟妻嫂等親戚也在人群裡，可能是想到之前不禮貌的行為，羞赧地低下頭，雙手高高舉起食物，等著蘇秦享用。蘇秦看到也樂了，笑著對嫂子說：「以前不是挺倨傲的嗎，為啥現在恭敬了？」

聽聽這句話，明顯是嘲笑的意思。

嫂子的回答也很接地氣：「以前倨傲是因為你窮，你現在位高金多，當然要恭敬了。」果然是窮在鬧市無人問，富在深山有遠親。

於是蘇秦感嘆：「使我有洛陽負郭田二頃，吾豈能佩六國相印乎？」當初只要有區區二頃田產，蘇秦就能活下去，便不用忍受兄弟妻嫂的白眼，自然也不會有出人頭地的願望。那樣的話，什麼讀書，什麼遊說，都一邊去吧，老婆孩子熱炕頭的日子，多香。

能有佩六國相印的輝煌，都是你們逼出來的啊。

蘇秦說出這句話的時候，眼裡一定有光。從窮困潦倒到名滿天下，他放棄一切又賭上一切，完成一場華麗的逆襲。他配得上這句話裡的意氣風發。

這是關於人生的故事，其中有關於命運的不甘，關於事業的奮爭，關於讀書的方法。

這也是一個男人的復仇。

衛青與霍去病——窮養與富養

1

衛青和霍去病是漢朝名將，都是在北伐匈奴的歷次戰役中嶄露頭角，最後雙雙官至大司馬，掌管漢朝的軍事家。九百年後，唐德宗增列武廟祭祀的名將有六十四人，衛青和霍去病也在其中。

從事業上來說，衛青和霍去病挺相似的。

但如果深究《衛將軍驃騎列傳》裡的內容，就能發現，他們兩人除了事業以外，沒有半點相似的地方，甚至是截然相反的兩個極端。

2

衛青是徹頭徹尾的窮苦孩子。

他的父親是鄭季，在平陽侯府做事，一來二去便和平陽侯的妾室衛媼私通了，生下了衛青。侯門深似海，規矩很嚴的，在漢朝，平陽侯想處死衛媼非常容易。但是很奇怪，衛媼私自生下孩子，居然沒事，後來還生了衛步和衛廣。

你可能會說，會不會平陽侯以為衛青是自己的孩子呢？

但這個說法不成立，如果平陽侯認為衛青是自己的孩子，就不可能出現衛青回到鄭家的事。畢竟誰敢把平陽侯的兒子送人啊？

唯一的解釋是，衛媼在平陽侯府不受寵愛，甚至是地位很低下的妾室，以至於衛媼懷孕一年後生孩子，平陽侯都不知道。

可以想見，衛青少年時的生活很難過。

他跟著地位低下的母親過著艱苦的生活，一舉一動都要看別人的臉色，可能連吃飽飯都是奢望。這樣的生活，很早就在衛青的心裡埋下種子：我就是個小人物，做事一定要謹慎小心，千萬不能惹別人生氣。

自卑、謹慎、放不開，這就是少年時的衛青，猶如很多家境窮困的孩子一樣，在陌生人面前不敢說話。

長大一點，衛青被送回親生父親鄭季家裡。鄭季偶然播種，便白撿一個勞動力，心想不用白不用，讓他放羊去吧。這種生活比在平陽侯府時好不了多少，苦日子要繼續過下去。鄭季的其他孩子也不把衛青當成兄弟，而是「皆奴畜之」，也就是當成會說話的牲口。

這樣的遭遇，加深了衛青的自卑心理，讓他打心底裡就覺得人生無望，活著就行。

所以衛青路過甘泉宮的時候，有人給他相面，說他將來能封侯。衛青卻根本不當回事，甚至連一絲憧憬、開心的情緒都沒有，說「人奴之生，得毋笞罵即足矣，安得封侯事乎。」

這輩子就是做奴隸的命，吃苦受窮可以忍受，最大的享受就是不要挨打挨罵，至於吃苦受窮乃是本分。封侯，呵呵，想太多了。

窮養的男孩就是這樣，現實困頓極度降低了他們對生活的預期，一點微小的改變，對他們來說就是驚喜。長久以往，他們變得不敢規劃未來，對人生也沒有任何想像力。

成年以後，衛青回到平陽侯府做騎奴，如果不是漢武帝寵倖姐姐衛子夫，恐怕衛青的人生路徑不會有絲毫改變。默默無聞地來，吃苦受累地活，悄無聲息地走，到那個時候，除了家人子女，大概也沒什麼人來參加他的追悼會。

這也是大部分窮苦孩子的人生結局。

3

霍去病完全是富養長大的孩子。

因為姨媽衛子夫的關係，霍去病很年輕就做了天子侍中，陪伴在漢武帝的身邊，日夜聆聽漢武帝謀劃軍國大事，日積月累，導致霍去病的眼界極高，普通的人和事根本不放在眼裡。

這就極度提高了霍去病對生活的期待，畢竟常年在漢武帝身邊，他已經習慣了用最高的姿態審視一切事物。可能在霍去病的眼裡，除了漢武帝和衛家人以外，其他人和事都在自己的腳下。

這是富養男孩的常態，也只有這樣的男孩，才敢在漢武帝想教他兵法的時候，直接頂回去：「顧方略何如耳，不至學古兵法。」一般人聽說漢武帝親自授課，肯定要搬小板凳認真聽講，可霍去病覺得，古人再厲害，我未必不如古人，甚至可以超越。

這份心氣和對未來的想像力，衛青是萬萬沒有的。

十八歲的時候，霍去病跟隨衛青出塞作戰，直接帶領八百騎兵奔襲數百里，斬首二〇二八級，勇冠三軍。在高中畢業的年紀做出如此成就，一方面是天生的軍事才能，另一方面便是天生富貴帶來的底氣。

而初戰大捷的霍去病，被漢武帝封為冠軍侯。天生富貴加初戰大捷的效果，對於霍去病而言，絕不是「一加一等於二」那麼簡單，而是人生格局和自信的指數級飆升。

霍去病意氣風發，對未來無限憧憬，認為沒有任何事情可以阻礙自己成就更大的功業。所以漢武帝為霍去病蓋了一幢大房子，讓他親自去看看，霍去病回答漢武帝：「匈奴未滅，無以家為也。」

年紀輕輕的霍去病，理想竟然是徹底滅了匈奴，同等年齡的衛青，想都不敢想。也只有漢武帝才敢有這樣的雄心壯志。

都說霍去病是初生牛犢不怕虎，可在霍去病看來，和漢武帝站在同一個高度，真沒什麼可怕的。

4

衛青和霍去病不同的人生起點，造就了兩人不同的性格，進一步形成不同的做事風格。比如殺人的問題。

西元前一二三年，衛青率領六將軍出塞擊匈奴，斬首幾千級便回來了。再過一個多月，原班人馬再次出塞，和上次不同的是，大軍斬首萬餘級後，蘇建和趙信率領的騎兵部隊，遇到匈奴單于的主力。

蘇建和趙信作戰很勇猛，但是寡不敵眾，拚命和匈奴單于廝殺一天之後，面臨全軍覆沒的危險。對於軍人來說，戰敗是職業生涯最丟人的事了，而且還有身死族滅的危險。

趙信是匈奴降將，發現戰場上難以取勝，再加上匈奴單于派人來誘降，勸趙信回歸匈奴的懷抱。於是趙信思量一番，帶領八百騎兵脫離漢軍，重新回歸匈奴，上演了一齣「見單于納頭便拜」的戲碼。

趙信投降，坑慘了蘇建。

蘇建在全軍覆沒之後，想辦法活了下來，獨自一人回到大營見衛青。全軍覆沒可是重罪，不嚴重處罰，怎麼能警告後人努力作戰呢？於是衛青問周圍的人，到底該怎麼辦？

議郎周霸建議：「大將軍出征以來，從來沒有殺過將軍，有人還以為大將軍好說話呢。現在蘇建犯了錯誤，不如拖出去斬首，讓大家都明白大將軍的威嚴。」

也有人不同意，說蘇建不是貪生怕死，實在是敵我兵力懸殊，盡力作戰之後才回來的，不能殺啊。

其實衛青有資格在軍中殺蘇建，但他不願意用殺人的方法建立威信，給漢武帝留下人臣專權的印象。於是衛青決定不在軍中處理蘇建，而是綁起來送到長安，讓漢武帝決定如何處理。

殺也好放也罷，都是漢武帝一言而決。

衛青的做法小心謹慎，不敢越雷池半步，一如那個放羊的少年。

再看霍去病，殺人就直截了當，沒有半點拖泥帶水。

西元前一一九年，衛青和霍去病各自率領五萬騎兵大舉出擊匈奴。李廣是衛青的部下，因為迷路沒趕上和匈奴單于的大決戰，等衛青大軍打完了，返回漢南才遇到李廣。衛青非常生氣，敢情李廣是來旅遊的唄？便讓長史去責問李廣，李廣的玻璃心犯了，感覺受到侮辱，便自殺了事。

而李廣之子李敢追隨霍去病，一路斬將奪旗，被封為關內侯，食邑兩百戶，並且因功接替李廣的職務，做了九卿之一的郎中令。

雖然做了高官，但由於父親李廣自殺的事，李敢有點怨恨大將軍衛青，有次抓住機會，用武器把衛青給打傷了。

郎中令打傷大將軍，這還得了？

大漢朝有沒有王法？

不過衛青發揚一貫的風格，沒有聲張，悄悄把這件事壓下來，當作沒發生過。然而沒有不透風的牆，李敢打傷衛青的事，還是被霍去病知道了。以霍去病的脾氣和地位，可能連李廣都不放在眼裡，更何況曾經做過部下的李敢。居然敢打大將軍，你算哪根蔥啊？

於是趁漢武帝去甘泉宮打獵的時機，霍去病找到一個機會，直接用弓箭射死負責警備的李敢，然後去報告漢武帝，說我殺了人，您看著辦吧。

漢武帝能說什麼，總不能為了替李敢報仇，把三軍統帥霍去病殺了吧？便打馬虎眼，說李敢被鹿撞死了。

同樣是殺人，衛青和霍去病的處理方法截然不同。

另外，他們對於錢的態度，也很有意思。

西元前一二三年，因為受到蘇建和趙信的影響，衛青軍功不多，回來以後沒有受到封賞，但漢武帝賞賜衛青千金，意思就是給你點錢，自己花去吧。

衛青收到賞賜沒多久，寧乘便建議他：「你能有今天，全是因為皇后，說明皇帝陛下是袒護外戚的。如今王夫人正得寵，家族卻沒有沾光，以皇帝陛下的秉性，這是不完美的呀。

不如你把千金賞賜送過去吧。」

衛青覺得有道理，給王家分了五百金。

漢武帝聽說以後，覺得衛青做了他想做卻沒有做的事，果然非常高興，然後把寧乘提拔為東海都尉。

這就是衛青的金錢觀，寧願自己受到損失，也不願意虧待別人，何況那個人是漢武帝的夫人家族呢。

而霍去病是另一個極端。

每次出征，漢武帝都要準備幾十車後勤物資，專門供霍去病一個人享用。等打勝仗回來，車上還有很多沒吃完的肉，霍去病卻從來不分給缺糧的士兵。哪怕士兵餓得站不起來了，霍去病也不管，自己踢球玩。

為什麼會這樣呢？

根本原因就在於，霍去病沒有體會過貧窮的滋味，養成以自我為中心的性格，於是很難對普通士兵的經歷感同身受。

同甘共苦，在霍去病的理念裡是不存在的。

5

青少年時的生活環境決定性格，性格決定命運。

窮養的衛青一輩子小心謹慎，以至於司馬遷說：「大將軍為人仁善退讓，以和柔自媚於上，然天下未有稱也。」天下人都覺得衛青太懦弱，不敢和漢武帝說重話，除了軍事能力特別強以外，其他也沒什麼值得稱道的。

言外之意，衛青缺點骨氣。

富養的霍去病則張揚霸道，猶如疾風烈火，不論是漢武帝還是匈奴，霍去病都是以硬碰硬，直到取得最終的勝利。從來不在乎面子、情商之類的東西。

真正的霸道總裁氣質，恐怕就是這樣了吧。

把衛青和霍去病放在一起對比，才能真正明白一句話：有些東西，出生的時候有，那麼一輩子都有；出生的時候沒有，這輩子也不可能再有了。

李斯——黃狗之嘆

1

西元前二一〇年，巡幸天下的秦始皇在平原津病倒，可能感覺時日無多，便讓趙高寫信給扶蘇：「部隊交給蒙恬掌管，趕緊來咸陽參加葬禮。」扶蘇是秦始皇的長子，此時讓扶蘇回咸陽，明顯是要扶蘇繼位。

趙高寫完封存之後，沒有送出去，秦始皇就駕崩了，不得不說，人死之前的第六感很準。既然給扶蘇的信沒有送出去，那麼到底要不要繼續執行秦始皇的命令，可操作的空間就非常大了，反正秦始皇已經駕崩了，還能活過來不成？

於是，趙高動了歪腦筋。

他和隨同巡幸的公子胡亥關係好，屬於親密無間的自己人，而扶蘇的親信是大將軍蒙恬，將來論功行賞，怎麼都不可能輪到趙高。為了自己的前程，是不是可以利用駕崩的秦始皇，操作一番呢？

趙高找到公子胡亥，苦口婆心地勸：「皇帝的政策是不分封皇子，將來扶蘇繼位，你可就什麼都沒有了。如今天下大事的走向都在你、我和丞相的手裡，你可要抓緊機會啊。」

秦始皇的餘威尚在，原本胡亥不敢有奪位的想法，但皇位的誘惑實在太大，趙高的說辭又太動人，胡亥最終還是動搖了。接下來的問題就是，如何說動丞相李斯配合執行。和胡亥一樣，李斯不同意更改繼承人，並且大罵趙高說的是亡國之言，不是臣子應該說的話。

但趙高只用一句話，便輕鬆擊破李斯的心理防線：「你和蒙恬相比怎麼樣？到底是你的功勞比蒙恬高，民心比蒙恬足，還是和扶蘇的關係比蒙恬和扶蘇的關係好？將來扶蘇繼位，必然提拔蒙恬做丞相，你的下場恐怕不是太好哦。」

李斯是聰明絕頂的人，要不然也不可能做到丞相高位，他當然明白趙高的意思。可秦始皇屍骨未寒，就做出更改繼承人的事，一來對不起秦始皇的厚恩，二來皇族內爭真的是亡國之道啊。個人和國家，現在和將來，到底該怎麼選擇？

李斯非常糾結。

其實只要開始糾結，就代表李斯的決心不再強烈，趙高只要再加一把猛料，為李斯描繪未來的藍圖，自然而然就能推動李斯做出最後的決定。

趙高告訴李斯：「如果你聽我的建議，必能富貴滿堂，子孫後代都承你的恩澤。可要是選了扶蘇，必然禍及子孫。」在選擇扶蘇會禍及子孫的可能性，和選擇胡亥搏一搏單車變摩托之間，李斯的選擇並不難。

李斯經過一番掙扎，仰天長嘆，唉，就聽你的吧。

當初滿朝大臣都建議秦始皇分封皇子，李斯站在天下長治久安的立場上，建議秦始皇徹底廢除分封，避免重演列國紛爭的悲劇。那時的李斯是「天下為公」的能臣。現在為了自己的個人榮辱，明知道更改繼承人不利於國家，卻偏偏受不住名利的誘惑，變成爭權奪利的小丑。

他拋棄了自己的良心，變成自己曾經最討厭的人。

可笑的是，趙高並沒有感激李斯的配合，反而有些看不起他。他對胡亥說：「臣請奉太子之明命以報丞相，丞相斯敢不奉令。」一句「敢不奉令」，足以說明趙高的心態。不管怎麼說，大秦的三駕馬車統一意見，胡亥繼位再無阻礙。於是偽造秦始皇的遺詔，改立胡亥做繼承人，並且以秦始皇的口吻命令扶蘇自殺，賜死蒙恬。

至此，大秦的江山易主。

2

李斯沒有想到，趙高要的不是官位，而是挾天子以令諸侯，執掌天下大權。

胡亥繼位稱為秦二世。

趙高利用秦二世年少無知的弱點，騙他說不要和大臣見面才能保留皇帝的神祕感，讓大臣們恐懼。秦二世什麼都不懂，聽趙高這麼說便信了，從此住在宮裡不問世事，任由趙高處理。

司馬遷的用詞是「事皆決於趙高」，區區六個字，足以說明趙高的權力之大。

此時的趙高已經取代了秦二世，但是遠遠不夠，趙高知道，李斯作為大秦的老牌丞相，不論權力或者影響力，都不是他能比肩的。他必須利用秦二世的名義，徹底扳倒李斯，才能樹立自己獨一無二的地位。

在那個年代，扳倒政敵，意味著殺人。

趙高把目光放在關東，六國遺民起義如烈火燎原，對，這就是機會，用六國遺民起義的烈火燒死大秦的丞相李斯。

趙高用「公忠體國」的口吻勸李斯：「關東大亂，皇帝卻不管不顧，只知道營造阿房宮和狗馬之類的東西，這是不行的呀。我想勸諫，奈何職位太低賤，你是丞相怎麼能不管呢？為了大秦，趕緊勸勸皇帝吧。」

李斯當然想勸秦二世，可是秦二世不見大臣，李斯憋了一肚子話，都不知道去哪兒說。趙高拍著胸脯保證，我一旦找到機會，就讓人通知你，到時候你要趕緊來。

李斯被趙高感動了，心想，趙高是好人啊。

結果呢，趙高專門選秦二世玩樂的時候，讓人通知李斯，皇帝有空，可以來奏事了。不明事實真相的李斯穿戴整齊便去了。用腳指頭想想也知道，秦二世空閒的時候你不去，現在正準備享受生活了，你趕著去說正事，秦二世能不煩心嗎？

這樣幾次下來，秦二世真的怒了，敢情李斯看我年紀小，好欺負唄？

趙高發現計謀奏效，便站出來中傷李斯，說李斯參與了沙丘之謀，地位卻沒有進一步提高，現在是想裂土為王啦。關東群盜為什麼越來越猛，還不是楚國人李斯縱容楚國出來的盜賊嗎？

如此漏洞百出的話，趙高也好意思說，更絕的是秦二世真的相信。秦二世打心底裡相信，趙高的每句話都是為了他好，李斯的每件事都是「刁民想害朕」。唉，皇位上坐著一個智障，也是絕了。

沒多久，李斯發現大秦最大的問題是趙高，便向秦二世檢舉揭發，結果秦二世為了袒護趙高，把李斯抓進監獄。

「不過是做過丞相而已，算什麼？朕殺的先帝留下的公子夠多了，哪個不比李斯的地位高？」

李斯在監獄裡仰天長嘆：「吾必見寇至咸陽，麋鹿游於朝也。」意思就是大秦江山遲早要完。

同樣是仰天長嘆，沙丘的嘆息是出賣了良心，監獄的嘆息是悔不當初。

早知如此，又何必呢？

李斯想向秦二世上書申冤，洋洋灑灑寫了一大篇，文采斐然，但是朝廷大事都歸趙高處理，李斯又怎麼能越過趙高，直接和秦二世溝通呢？於是趙高看過之後直接扔掉，根本不理睬。

事情走到這裡，李斯的命運已進入倒計時。

3

西元前二〇七年，李斯的判決書下來了——腰斬，夷三族。

那天，陪同秦始皇走過無數風雨的李斯，和一個兒子一起走到咸陽街市，共同迎接人生的最後結局。回首往事，李斯感慨萬千：「人一輩子哪能十全十美啊。權位終有盡頭，財富不過是替別人保管，走過上坡路就要走下坡路，誰能一輩子常留頂峰？」

最好的人生路，無非克制心裡的欲望，盡力做好自己該做的事，只取自己應得的一份榮耀和利益，然後保留一些遺憾和憧憬，偶爾暢想一下，讓晚年不那麼孤獨無聊。

可要做到這一點，往往需要及時收手，在人生的巔峰期急流勇退，沒有大毅力、大智慧的人根本做不到。

在走向人生終點的路上，李斯徹底想明白了，幾年前因為自己的貪念，最終害了國家也害了全族，唉，圖什麼呢？他轉頭對兒子說：「我想和你再牽著黃狗，出上蔡東門逐狡兔，可惜做不到了。」說罷，父子痛哭。

《紅樓夢》裡有副對聯：身後有餘忘縮手，眼前無路想回頭。說的就是面對利益誘惑的時候，從來不知道居安思危，等到眼前無路的時候才知道後悔，想回頭。

可惜已經晚了。

沒有人永遠年輕，但永遠有人正年輕。世界輪回前進，拋棄舊人迎接新人才是常態。秦始皇妄想長生不老，李斯幻想子孫永遠富貴，歸根結柢是違反歷史規律的，那麼等待他們的，也必然是不同形式的「黃狗之嘆」。

自從李斯之後，霍光、胡雪巖等權臣富豪，又有多少人不願意在巔峰時急流勇退，最終栽倒在命運的輪回中。

那句「黃狗之嘆」，又何止是李斯一個人的嘆息。

縱橫讀史記

挖掘《史記》的底層邏輯，學習思辨的眼光，看見世事的本質

作　　者　溫伯陵
美術設計　高偉哲
內頁排版　高巧怡
封面繪圖　孫海洋
行銷企劃　陳慧敏、蕭浩仰
行銷統籌　駱漢琦
業務發行　邱紹溢
營運顧問　郭其彬
責任編輯　李世翎
總 編 輯　李亞南
出　　版　漫遊者文化事業股份有限公司
地　　址　台北市松山區復興北路331號4樓
電　　話　（02）2715-2022
傳　　真　（02）2715-2021
服務信箱　service@azothbooks.com
網路書店　www.azothbooks.com
臉　　書　www.facebook.com/azothbooks.read
營運統籌　大雁文化事業股份有限公司
地　　址　台北市松山區復興北路333號11樓之4
劃撥帳號　50022001
戶　　名　漫遊者文化事業股份有限公司
初版一刷　2023年3月
定　　價　台幣450元
I S B N　978-986-489-753-7

原著作名：《一看就懂的史記》 作者：溫伯陵
本書由天津磨鐵圖書有限公司授權出版，通過成都天鳶文化傳播有限公司代理授權，限在港澳台地區發行，非經書面同意，不得以任何形式，任意複製轉載。

國家圖書館出版品預行編目（CIP）資料

縱橫讀史記：挖掘《史記》的底層邏輯，學習思辨的眼光，看見世事的本質/ 溫伯陵作. -- 初版. -- 臺北市：漫遊者文化事業股份有限公司, 2023.03
面；17×23 公分. --（讀出歷史的內心戲；3）
ISBN 978-986-489-753-7（平裝）
1.CST: 史記 2.CST: 中國史
610.11　　112000150